श्रीमद्भगवद्गीता-
शिष्य को उपदेश

(शिष्यस्तेऽहं शाधि मां त्वां प्रपन्नम्)

श्रीमद्भगवद्गीता-
शिष्य को उपदेश
(शिष्यस्तेऽहं शाधि मां त्वां प्रपन्नम्)

डॉ. संध्या गंगराड़े

GenNext Publication

भारत में सन् 2024 में प्रकाशित

जेन्नेकस्ट पब्लिकेशन
5, अंसारी रोड, दरियागंज,
नई दिल्ली-110002
ई-मेल: gennextpublication@hotmail.com

Distribution Network
gyanbooks.com
India, USA, Canada, UK, Australia, France

श्रीमद्भगवद्गीता-शिष्य को उपदेश
(शिष्यस्तेऽहं शाधि मां त्वां प्रपन्नम्)

ISBN: 978-93-5663-233-2 (HB)

मुद्रित: ज्ञान प्रेस, दिल्ली

अनुक्रम

राष्ट्रपति सम्मानित
आचार्य मिथिलाप्रसाद त्रिपाठी
डी.लिट्. (संस्कृत), पीएच.डी. (संस्कृत-हिन्दी)
महामहोपध्याय (प्रयाग), पण्डितराज (काशी)

निवास - 'रामायणम्' 57-ए, वैशाली नगर
इन्दौर-452009 (म.प्र.)
सम्पर्क - 94250-72151
ई-मेल - ptmptripathi@gmail.com

आशंसा

श्रीमद्भगवद्गीता भारतीय संस्कृति का ग्रन्थरत्न है। जाति, वर्ण, क्षेत्र, वर्ग से सर्वथा उन्मुक्त उपदेश है। मानवीयता के परिष्कार, कर्तव्य की धर्मनिष्ठा, जिजीविषा की अनिवार्यता और निष्क्रियता में सक्रियता सब इस में अन्वित है। सरल स्वभाव ही अर्जुन है, वह भारतीय युवा नागरिक का प्रतीक है। संसार में सम्बन्धों के मोहपाश उसे कुछ करने नहीं देते हैं। कर्तव्याकर्तव्य के भंवर में उलझा हुआ मानव हार जाता है, उसकी बुद्धि रुक जाती है, वह प्रवृत्ति से थक जाता है तभी कोई श्रीकृष्ण जो कर्तव्यविमुख को खींचकर कर्तव्योन्मुख कर देते हैं, अर्जुन की जीवन रूपी रणभूमि में मिल जाते हैं। उनका यह उपदेश शाश्वत है, व्याख्यान है, अर्जुन के माध्यम से सारी मानवीयता के लिए सन्देश भी है, आदेश भी है और उपदेश तो है ही।

श्रीमती सन्ध्या गंगराड़े जीवन के सातवें दशक में अर्जुन बन गयी है, उनके श्रीकृष्ण ने जो कहा, समझा या, उन्हें समझना पड़ा है। इसे समझने के लिए, तिलक, गाँधी, गोयन्दका आदि से परोक्ष और कुछ तज्ञों से प्रत्यक्ष मिलना, पूछना, समझना पड़ा है। गीता को अन्तस में उन्होंने समेटा है, इस दुग्ध का पान किया है। पढ़कर, सुनकर, समझकर, आत्मसात् कर वे असहज होती गयी। उनकी सरस्वती बार– बार मुखारित होने लगती है।

• पूर्व कुलपति, महर्षि पाणिनि संस्कृत एवं वैदिक वि.वि., उज्जैन • पूर्व निदेशक, कालिदास संस्कृत अकादमी, उज्जैन (म.प्र.) • पूर्व अध्यक्ष, संस्कृत भारती, मध्यभारत
• पूर्व चेयरमेन, महर्षि पतञ्जलि संस्कृत संस्थान, भोपाल (म.प्र.) • निदेशक, श्रीमहाकालेश्वर वैदिक प्रशिक्षण एवं शोध संस्थान, उज्जैन
• अध्यक्ष, अखिल भारतीय साहित्य परिषद् मध्यक्षेत्र • साहित्य अकादमी पुरस्कार • कालिदास पुरस्कार • राष्ट्रपति पुरस्कार • संस्कृत व्रती राष्ट्रीय पुरस्कार
• अध्यक्ष, पुण्यश्लोका अहल्या संस्कृत संस्थान, इन्दौर (म.प्र.) • अखिल भारतीय काव्य पुरस्कार, जयपुर (राजस्थान)

अध्यायक्रम से यह उपनिषद् उन्हें जैसा लग रही थी, एक अध्येत्री की भाँति वे लिखने लगती है। श्रीकृष्ण की गीता को पचाकर श्रीमती सन्ध्या जी ने अपने वे विचार जो सन्देश या निर्देश के रूप में मिलते गए हैं उन्हें संजोया भी और सजाया भी है। उनकी दृष्टि से मिले हुए भावों की माला का गुम्फन इस रचना में कर दिया है। उनकी सूक्ष्मेक्षिका दृष्टि से मिले हुए भावों की माला का गुम्फन इस रचना में कर दिया है। गीता सबकी है, सबके लिए है पर जब इसे पढ़ लें तब अपनी हो जाती है, अपना लेती है। यह युद्ध में गायी गयी है। इसके स्वर सदैव चिरनवीन रहते हैं क्या? क्यों ? कैसे ? – सबके उत्तर इसी गीता ने दिये भी हैं। यह तब तक पढ़ते रहना चाहिए जब तक यह न निकल पड़े कि "नष्टो मोहः स्मृतिर्लब्धा"। यह भूला हुआ ज्ञान है जो मोह से ढक गया है। श्रीकृष्ण ने अर्जुन के माध्यम से इस मोह को विस्मृति को दूर किया है। जब स्मृति हो जाती है तो स्वाभाविक रूप से कहना पड़ता है "त्वत्प्रसादान्मयाच्युत"। प्रसाद तो गुरुकृपा है। गुरु ज्ञानसागर है अस्तु अच्युत रहता है। जो अच्युत होगा उसी की कृपा से मोह दूर होता और वह कहने लगेगा कि – "स्थितोऽस्मि गतसन्देहः"। सन्देह गए निर्णय आ गया। मैं अब स्थित हूँ, दृढ़ता से स्थिर हूँ।

भारतीय अवसाद ग्रस्त मानसिकता को राष्ट्र के लिए समर्पित कराने की शंखध्वनि, मन्त्रोच्चार भगवद्गीता है। यह श्रीमती गंगराड़े की लेखनी से उनके अन्तर्बोध से सज सजकर प्रकट हुआ है, लोक के लिए समाज के लिए, देश के लिए, राष्ट्र के लिए यह ग्रन्थरत्न पाथेय बनेगा ऐसा विश्वास है। जीवन के निवृत्तिकाल की यह प्रवृत्ति बन्धनकारी नहीं है। मंगलकामनाओं के साथ जीवन के प्रत्येक क्षण को अमूल्य बनाते हुए ऐसे ग्रन्थों के निर्माण की सापेक्ष शुभकामनाओं सहित।

मिथिलाप्रसाद त्रिपाठी

श्रीमद्भगवद्गीता: शिष्य को उपदेश (शिष्यस्तेऽहं शाधि मां त्वां प्रपन्नम्)

श्रीमद्भगवद्गीता एक ऐसा ग्रंथ है जो जीने की कला सिखाता है। पता नहीं क्यों इसे मृत्यु पूर्व सुनने - सुनाने की परम्परा पड़ गई है। जब देह छूट रही है, इन्द्रियाँ शिथिल हो रही हों, मृत्यु सामने खड़ी हो तब गीता का श्रवण क्या ज्ञान दे सकता है। गीता सुनने-समझने, सीखने और जीवन में उतारने का समय तो पीछे छूट गया। गीता का ज्ञान तो जीवन के हर क्षेत्र में ग्राह्य और अनुकरणीय है; धर्म में, दर्शन में, प्रशासन में, राजनीति में, नीति में, वाणिज्य में, प्रबन्धन में, घर में, गृहस्थी में, अध्ययन में, अध्यापन में, योग में, वियोग में, यात्रा में और यात्रा की मंजिल में हर क्षेत्र में गीता कोई न कोई संदेश, कोई न कोई प्रेरणा देती है।

1999-2000 से श्रीमद्भगवद्गीता पढ़ना चाहती थी। स्वयं गीता पढ़ने की कोशिश करती और तीसरे अध्याय से आगे बढ़ ही नहीं पाती थी। गीता प्रेस गोरखपुर की तत्व-विवेचनी हिन्दी-टीका - जयदयाल गोयन्दका, गीतामृतम्/श्री पांडुरंग शास्त्री आठवले जी के प्रवचन, श्रीमद्भगवद्गीता-यथारूप - श्री श्रीमद् ए. सी. भक्ति वेदांत स्वामी प्रभुपाद, गीता प्रवचन-विनोबा भावे, अनासक्ति योग - महात्मा गाँधी और श्रीमद्भगवद्गीता - सरल हिन्दी पद्यानुवाद - शिवकुमार। इन सबको पढ़ते हुए भी ना पढ़ पाई न समझ पाई। फिर आया 2020 और लॉकडाउन - यू ट्यूब पर शैलेन्द्र भारती से भगवद्गीता अर्थ सहित सुनी कुछ-कुछ समझ आई, ओशो को भी सुना सहमति-असहमति के साथ। इसी दौरान रेखा भाभी (रेखा

सोमानी) से जानकारी प्राप्त हुई गीता संथा वर्ग की। गीता संथा वर्ग में सही उच्चारण के साथ गीता को शुद्ध रूप में पढ़ना सिखाया जाता है और शनिवार, रविवार को गीता का विवेचन किया जाता है। संथा वर्ग ने श्रीमती सुवर्णा मालपाणी के स्वर में गीता अनुपठन के ऑडियो उपलब्ध करवाए जिससे गीता पढ़ने में बहुत सहायता मिली। शनिवार, रविवार को आशुजी गोयल (आशु भैया) और डॉ. संजय मालपाणी के सुन्दर विवेचन ने गीता को समझने में बहुत सहायता की। चिन्मय मिशन इंदौर के परम् श्रद्धेय स्वामी प्रभुद्धानंद सरस्वती के सम्मुख बैठ कर छटवें अध्याय को सुना और समझा और उनके ऑडियों, वीडियों, यू टयूब पर सुनने से भी गीता का मर्म समझ में आया। इस प्रकार गीता पढ़ते हुए गीता पर लिखने का साहस जुटा पाई हूँ।

गीता का यह अध्ययन, मेरे लिए "श्रीमद्‌भगवद्‌गीता - शिष्यस्तेऽहं शाधि मां त्वा प्रपन्नम्" (मैं आपका शिष्य हूँ मुझ शरणागत को आप उपदेश दीजिए) इस ग्रंथ का अध्ययन प्रभु के शरणागत हुए बिना, शिष्यत्व स्वीकार किये बिना संभव नहीं है। प्रभु के शरणागत होकर मैं इस ग्रंथ का अध्ययन करती चली गई। अर्जुन की तरह तो मैं नहीं कह सकती "नष्टो मोहः स्मृतिर्लब्धा" (मेरा मोह नष्ट हो गया है और मैने स्मृति प्राप्त कर ली है), परन्तु फिर भी प्रभु की कृपा से राहें अवश्य खुली हैं। अनासक्त और अकर्ता भाव की ओर कदम अवश्य बढ़े हैं, कर्म करते हुए फलासक्ति घटी है, आकांक्षा रहित तो नहीं परन्तु आकांक्षाओं पर रोक लगा सकी हूँ, 'शीतोष्ण सुखदुःखेषु' 'सलोष्टाश्मकांचनः', 'तुल्यनिंदास्तुतिर्मौनि' तक नहीं पहुँच सकी परन्तु दुःख में, निंदा में संतुलित रह पाती हूँ।

समस्त ग्रंथों, गीता संथा वर्ग के प्रशिक्षकों, विवेचकों, आशु भैया एवं डॉ. संजय मालपाणी, परमश्रद्धेय स्वामी प्रभुद्धानंद सरस्वती जी एवं आदरणीय मिथिलाप्रसाद त्रिपाठी जी को नमन करते हुए यह अध्ययन आपके समक्ष प्रस्तुत है।

डॉ. संध्या गंगराड़े

प्रथम अध्याय

अर्जुनविषाद योग

भगवद्गीता विषाद से आरंभ होकर मोक्ष संन्यास पर समाप्त होती है। विषादयुक्त मनः स्थिति में यदि श्रेष्ठ मार्गदर्शक मिल जाए तो मोक्ष संन्यास तक पहुँचा जा सकता है।

प्रथम अध्याय में कृष्ण केवल श्रवण कर रहे हैं और अर्जुन बोल रहे हैं। कहना और सुनना दोनों कला है। ध्यान पूर्वक सुनना, बोलने वाले को पूरा समय देना, सुनते हुए पूर्वाग्रह ग्रस्त न होना, सुनते हुए बोलने वाले को एकाग्रता और समग्रता से समझना होगा तभी समस्या का समाधान हो सकेगा। इसी तरह बोलने वाले को भी बोलते समय ध्यान रखना होगा कि जिसके समक्ष वह अपनी बात कह रहा है उस पर पूरी श्रद्धा रखे, पूर्ण आस्था और समर्पण का भाव रख अपना अन्तर्मन खोल कर रख दे। अर्जुन ने सरल मन से कृष्ण के समक्ष अपना अन्तर्मन खोल कर रख दिय। इसी कारण भगवान ने अर्जुन के कथन को ध्यान पूर्वक सुना। भगवान ने स्वीकारा भी है कि उन्होंने ध्यान पूर्वक अर्जुन को क्यों सुना और क्यों ज्ञान दिया। सातवें अध्याय का प्रथम श्लोक है-

मय्यासक्त मनाः पार्थ योगं युजंन्मदाश्रयः।
असंशय समग्रं मां यथा ज्ञास्यसि तच्छृणु।। 7/1 ।।

(श्री भगवान बोले- हे पार्थ! अनन्य प्रेम से मुझमें आसक्त चित्त तथा अनन्य भाव से मेरे परायण होकर योग में लगा हुआ तू जिस प्रकार से संपूर्ण विभूति, बल, ऐश्वर्यादि गुणों से युक्त सबके आत्मरूप मुझको संशयरहित जानेगा, उसको सुन)

भगवान ने अर्जुन को क्यों ध्यान पूर्वक सुना क्योंकि अर्जुन, भगवान के प्रति अनन्य प्रेम से आसक्त है, भगवान के आश्रय के प्रति निशंक है।

इसी तरह नवें अध्याय में भगवान ने अर्जुन को अनुसूयवे - ईर्ष्या रहित कहा। इसी कारण भगवान अर्जुन की विषाद पूर्ण वाणी को ध्यान पूर्वक सुन रहे हैं। इस भूमिका के बाद अब अध्याय की बात करते हैं। अध्याय का प्रथम श्लोक धृतराष्ट्र का कथन है। धृतराष्ट्र चिन्तित हैं, चिन्ता का कारण भय है, भय पराजय का, भय सत्ता विहीन होने का, भय पुत्रों को खो देने का। वे पूछते हैं-

धर्मक्षेत्रे कुरुक्षेत्रे समवेता युयुत्सवः।
ममकाः पण्डवाश्चैव किम कुर्वत संजय।।1/1।।

हे संजय! धर्मभूमि कुरुक्षेत्र में एकत्रित युद्ध की इच्छा रखनेवाले मेरे और पाण्डु के पुत्रों ने क्या किया?

आगे संजय युद्ध क्षेत्र का विवरण देते हैं। इस विवरण को दो भागों में देखा जा सकता है। प्रथम भाग - प्रथम श्लोक से बीसवें श्लोक तक और द्वितीय भाग-21वें श्लोक से समापन तक। प्रथम श्लोक के पश्चात युद्ध का वातावरण निर्मित होने लगता है, दोनों पक्षों के महान योद्धाओं का परिचय उनके दिव्य अस्त्रों और शस्त्रों का परिचय, शंखनाद और युद्ध का भीषण गुंजार।

प्रथम भाग में जहाँ उत्साह और वीरता और युद्ध की उद्दाम लालसा है वहीं द्वितीय भाग में यह उत्साह धीरे-धीरे विषाद में परिवर्तित होने लगता है। युद्ध की भीषण गुंजार के बीच अर्जुन अचानक भगवान से कहते हैं कि रथ दोनों सेनाओं के मध्य खड़ा कर दीजिए-

सेनयोरु भयोर्मध्ये, रथ स्थापय मेऽच्युत।

अर्जुन देखते हैं कि दोनों ओर उनके ही बंधु-बांधव हैं उनका मन विषाद युक्त हो जाता है। वे विचलित होने लगते हैं और प्रभु से कहते हैं कि,

सीदन्ति मम गात्राणि मुखं च परिशुष्यति।
वेपथुश्च शरीरे मे रोम हर्षश्च जायते।।1/29।।

मेरे अंग शिथिल हुए जा रहे हैं और मुख सूखा जा रहा है तथा मेरे शरीर में कंप एवं रोमांच हो रहा है। वे आगे कहते हैं कि गाण्डीव धनुष गिर रहा है और त्वचा भी बहुत जल रही है तथा मेरा मन भ्रमित सा हो रहा है इसलिए मैं खड़ा रहने में असमर्थ हूँ। वे इतने अधिक विषादयुक्त और अवसाद ग्रस्त हो जाते हैं कि उन्हें न विजय की आकांक्षा रहती है न राज्य के सुखों की। उन्हें सब निरर्थक लगने लगता है। वे यहाँ तक कह देते हैं कि यदि मुझे शस्त्र रहित एवं सामना न करने वाले को शस्त्र हाथ में लिए धृतराष्ट्र के पुत्र रण में मार डालें तो मरना भी मेरे लिए अधिक कल्याणकारक होगा। यही अवसाद ग्रस्त मनोदशा है। अवसाद की अवस्था में व्यक्ति अपने गुणों को विस्मृत कर आत्महत्या की ओर अग्रसर होने लगता है। अर्जुन जैसा वीर जो न जाने कितने युद्ध कर चुका है, यहाँ अपने ही गुणों को विस्मृत कर शत्रुओं द्वारा अपने मारे जाने को शिरोधार्य कर रहा है। अवसाद ग्रस्त होने के कारण वह उचित-अनुचित का भेद भूल चुका है। अब इस अवसाद से, विषाद से उनके सुहृद, मित्र श्रीकृष्ण ही उबारेंगे।

सूत्रः-

1. प्रथम अध्याय यह कहता है कि कोई कितना ही वीर हो, गुणवान हो, उसे भी विषाद हो सकता है वह भी अवसाद ग्रस्त हो सकता है।
2. इस अध्याय में अर्जुन के विषाद के बहाने युद्ध के परिणामों पर चिन्तन भी है। प्रतिशोध से किसी भी पक्ष का हित नहीं हो सकता। विजय हो या पराजय विनाश तो होना ही है।
3. अर्जुन का विषाद, व्यक्तिगत विषाद होकर भी 'सर्वभूत हिते रताः' विषाद भी है। युद्ध विवशता से, अधर्म के नाश के लिए हो या सत्ता विस्तार के लिए हो परिणाम तो विषाद युक्त ही होंगे। अर्जुन इसी ओर संकेत कर रहे हैं।
4. अर्जुन की चिन्ता यह भी है कि युद्ध में केवल प्रतिद्वन्द्वी सेना ही हताहत नहीं होती स्वयं की सेना भी हताहत होती है और यहाँ तो दोनों ओर स्वजन ही हैं। यदि अर्जुन के सम्मुख मामा, भाई, श्वसुर, पिता, पितामह हैं तो स्वयं की सेना में भी तो पुत्र, पौत्र, भाई और अन्य स्वजन हैं।

5. सुनना एक कला है तो कहना भी एक निवेदन है। प्रायः यह कहा जाता है कि सुनना एक कला है परन्तु सुना भी तब जाता है जब कहने वाला श्रद्धा और विश्वास से पूर्ण समर्पण के साथ अपनी बात करे।

'सेनयोरुभयोर्मध्ये' दोनों सेनाओं के मध्य जीवन और मृत्यु का प्रश्न है। प्रथम अध्याय कर्म में कर्ता भाव और कर्म से पलायन पर समाप्त होता है। अब द्वितीय अध्याय में होंगे इन प्रश्नों के उत्तर – भगवान बताएंगे मृत्यु क्या है? कर्म क्या है? आसक्ति क्या है? और अनासक्ति क्या है?

श्रीकृष्णार्पणमस्तु

द्वितीय अध्याय

सांख्य योग

द्वितीय अध्याय में जिन विषयों की व्याख्या की गई है, वे हैं – मृत्यु का भय, मृत्यु क्या है? देह और आत्मा, कर्म और कर्म फल, कर्म क्यों? और कर्मफल पर अधिकार क्यों नहीं?

मनुष्य सबसे अधिक भयभीत मृत्यु से होता है। जन्म और मृत्यु जीवन के दो छोर हैं, एक पर खुशियाँ मनाई जाती हैं और दूसरे पर शोक। मृत्यु की चाह कोई नहीं करता। मृत्यु को कोई भी नहीं स्वीकारता सिवा नचिकेता के। मनुष्य के साथ जीवन भर मृत्यु का भय चलता रहता है। अपनी या अपनों की मृत्यु का भय तो होता ही है साथ ही यह भी कि मृत्यु के बाद क्या होता है? मृत्यु आखिर है क्या? ऐसे कई प्रश्न हमारा पीछा नहीं छोड़ते।

मनुष्य के जीवन की सबसे बड़ी समस्या है मृत्यु और भगवान ने इस अध्याय में इसी को व्याख्यायित किया है।

हम सोचते हैं कि मृत्यु के बाद सब समाप्त हो जाता है, आस्तित्व हीन हो जाता है। भगवान कहते हैं –

> न त्वेवाहं जातु नासं न त्वं नेमे जनाधिपाः।
> न चैव न भविष्यामः सर्वे वयमतः परम्।। 2/12 ।।

ऐसा कभी नहीं हुआ कि मैं न रहा होऊँ या तुम न रहे हो अथवा ये समस्त राजा न रहे हों, और न ऐसा है कि भविष्य में हम लोग नहीं रहेंगे।

भगवान ने अर्जुन की इस समस्या का समाधान बड़ी सरलता से कर दिया कि युद्ध में मारे जाने के पश्चात् समस्त बंधु-बांधव नष्ट हो जाएंगे या अस्तित्वहीन हो जाएंगे।

कैसे? कैसे मान लिया जाय कि सब, सब समय थे और रहेंगे? भगवान उत्तर देते हैं -

नासतो विद्यते भावो नाभावो विद्यते सतः।
उभयोरपि दृष्टोऽन्तस्त्वनयोस्तत्त्वदर्शिभिः।। 2/16 ।।

शरीर असत् है अतः नाशवान है इसकी सत्ता हमेशा नहीं रहती जबकि आत्मा अविनाशी है इसलिए इसका कभी अभाव नहीं रहता अर्थात यह नष्ट नहीं होती यह निष्कर्ष तत्वदर्शियों द्वारा दिया गया है। इसलिए तू युद्ध कर (अर्थात् अपना नियत कर्म कर। क्षत्रिय होने के नाते युद्ध तेरा कर्म है, इसी तरह जो जिसका नियत कर्म है वह अपना कर्म करे।)

देह नाशवान और आत्म अविनाशी इसलिए आत्मा नष्ट नहीं होती क्योंकि-

न जायते म्रियते वा कदाचिन्
नायं भूत्वा भविता वा न भूयः।
अजो नित्यः शाश्वतोऽयं पुराणों
न हन्यते हन्यमाने शरीरे।। 2/20 ।।

आत्मा का न तो जन्म होता है न ही मृत्यु। आत्मा अजन्मा, नित्य, शाश्वत और पुरातन है। शरीर के मारे जाने पर भी वह मारा नहीं जाता। जिस प्रकार मनुष्य पुराने वस्त्रों को त्याग कर नये वस्त्र धारण करता है उसी प्रकार आत्मा पुराने तथा जीर्ण शरीर को त्याग कर नवीन भौतिक शरीर धारण कर लेता है।

आत्मा क्या है? आत्मा को न तो किसी शस्त्र से काटा जा सकता है न अग्नि द्वारा जलाया जा सकता है और न ही जल द्वारा भिगोया जा सकता है और न ही वायु द्वारा सुखाया जा सकता है-

नैनं छिन्दति शस्त्राणि नैनं दहति पावकः।
ने चैनं क्लेदयन्त्यापो न शोषयति मारुतः।। 2/23 ।।

इस आत्मा को कोई आश्चर्य से देखता है, कोई आश्चर्य की तरह बताता है तथा कोई इसे आश्चर्य की तरह सुनता है और कोई इसके विषय में सुन-सुनकर भी कुछ भी नहीं समझ पाता।

आश्चर्यवत्पश्यति कश्चिदेन
माश्चर्यवद्वदति तथैव चान्यः।
आश्चर्यवच्चैनमन्यः श्रृणोति
श्रुत्वाप्येनं वेद न चैव कश्चित ।। 2/29 ।।

तो मृत्यु देह की होती है उसमें रहने वाली आत्मा शाश्वत ही रहती है। फिर मृत्यु का भय कैसा?

अब दूसरी समस्या - वह यह है कि हम जो कार्य कर रहे हैं वह सही है या गलत है? कर्तव्य और अकर्तव्य, करणीय और अकरणीय कर्म के बीच जब मन दुविधा ग्रस्त हो तो क्या किया जाए?

भगवान कहते हैं -

स्वधर्ममपि चावेक्ष्य न विकम्पितुमर्हसि।

स्वधर्म का पालन करने में संकोच नहीं करना चाहिए। स्वधर्म अर्थात अपनी सामाजिक, आर्थिक और वैयक्तिक स्थिति के अनुसार प्रत्येक व्यक्ति का अपना-अपना धर्म है। शिक्षक, विद्यार्थी, चिकित्सक, इंजीनियर, व्यापारी, राजनेता, वैज्ञानिक, श्रमिक सभी का अपना-अपना स्वधर्म है। स्वधर्म का पालन ही उचित है। जो स्वधर्म का पालन नहीं करता वह अपना यश खो देता है। स्वधर्म के पालन में व्यक्ति पाप का भागीदार नहीं बनता। अब देखें दया या करुणा एक श्रेष्ठ भाव है परन्तु न्यायाधीश यदि किसी अपराधी का दण्ड दया करके कम कर दे या उसे दण्डित न करे तो वह स्वधर्म के विरुद्ध होगा क्योंकि न्यायाधीश का स्वधर्म न्याय करना है। इसी तरह एक शिक्षक के लिए सही मूल्यांकन करना स्वधर्म है यदि वह किसी फेल होते परीक्षार्थी को दया करके पास कर देगा तो यह स्वधर्म का पालन नहीं होगा। इसलिए भगवान अर्जुन को कहते हैं तू युद्ध कर क्योंकि यही क्षत्रिय का स्वधर्म है।

अब देखते हैं – कर्म और कर्मफल – कर्म के साथ कर्मफल को देखने का स्वभाव बचपन से ही आ जाता है। पढ़ोगे तो डॉक्टर, इंजीनियर बनोगे, या आगे बढ़ोगे। अगर कर्म में ही आनंद के संस्कार डाल दिए जाएं तो कोई कठिनाई ही नहीं होगी परन्तु हमेशा रिजल्ट पर दृष्टि होने के कारण कर्म मार्ग पर से दृष्टि हट जाती है और अनुकूल परिणाम न आने पर निराशा होती है। गीता का वह श्लोक जो गीता का सूत्र है जिससे गीता को पहचाना जाता है, वह है –

कर्मण्येवाधिकारस्ते मा फलेषु कदाचन।
मा कर्मफलहेतुर्भूर्मा ते संगोऽस्त्व कर्माणि।। 2/47 ।।

तुम्हारा अपने कर्म पर अधिकार परन्तु तुम कर्म के फलों के अधिकारी नहीं हो। न तो तुम स्वयं को कर्मों के फल का कारण मानो और न ही कर्म न करने में आसक्त हो अर्थात् कर्म न करने का विचार मत करो।

अब बड़ी कठिनाई गीता के श्लोक में कर्म की बात तो है फल की नहीं और अब तक जो जिया उसमें फल पर ही दृष्टि रही। क्या पाना है? यह पहले तय किया जाता है तदनुरूप कर्म निर्धारित किया जाता है। चलिए क्या पाना है यह भी तय कर लिया जाए उसके अनुरूप कर्म किया जाए परन्तु यदि अनुकूल परिणाम न आए तो क्या निराश हुआ जाए? ऐसी ही मनोदशा के लिए कहा जाता है कि 'कर्मण्येवाधिकारस्ते मा फलेषु कदाचन्' तेरा कर्म पर अधिकार है फल पर नहीं। यदि कर्म यात्रा को ही फल मान कर कर्म किया जाए तो कर्म में तो आनंद आता ही है निराशा भी नहीं होती। आजकल जो आत्महत्या की प्रवृत्ति बढ़ रही है उसका कारण है कर्मफल के प्रति आसक्ति। माता-पिता बच्चों पर, पति-पत्नी एक दूसरे पर, जो फल प्राप्ति का दबाव बढ़ा रहे हैं यही तनाव का कारण है और इसी कारण वे आत्महत्या की ओर अग्रसर होते हैं। अपना कर्म पूरी निष्ठा और लगन के साथ एकाग्रचित होकर किया जाए फिर परिणाम कुछ भी हो कर्ममार्ग का आनंद ही कर्मफल बन जाएगा। तो आवश्यकता है सोच में परिवर्तन की।

द्वितीय अध्याय हमें यह भी बताता है कि भगवान ने गीता का गायन क्यों किया? क्यों उपदेश दिया और एक शिष्य को कैसा होना चाहिए।

द्वितीय अध्याय में भगवान दूसरे एवं तीसरे श्लोक में मोहग्रस्त, विषाद ग्रस्त, युद्ध से पलायन को अग्रसर, हताश, निराश अर्जुन को समझाते हैं कि असमय तुम में यह कल्मषता क्यों आ गई ? यह नपुंसकता का भाव तुम्हारे अनुकूल नहीं है। यद्यपि तुम शत्रुओं के दमन में सक्षम होने के साथ ही आर्यों के मूल्यों को जानते हो। इस पर भी अर्जुन का विषाद दूर नहीं होता। अर्जुन को अब भी यही लगता है कि मैं अपने गुरुजनों का वध नहीं कर पाऊंगा। और फिर वे कह उठते है –

कार्पण्यदोषोपहत स्वाभवः
पृच्छामि त्वां धर्मसम्मूढचेताः।
यच्छ्रेयः स्यान्निश्चितम् ब्रूहि तन्मे
शिष्यस्ते ऽहं शाधि मां त्वा प्रपन्नम्।। 2/7 ।।

(अब मैं अपनी कृपण-दुर्बलता के कारण अपना कर्तव्य भूल गया हूँ और सारा धैर्य खो चुका हूँ। ऐसी अवस्था में आपसे पूछ रहा हूँ कि जो मेरे लिए श्रेयस्कर है उसे निश्चित रूप से बताएँ! अब मैं आपका शिष्य हूँ और शरणागत हूँ। कृपया मुझे उपदेश दें।)

बस यही वह क्षण है जब प्रभु, अर्जुन का दायित्व अपने ऊपर ले लेते हैं। इसके बाद प्रभु, अर्जुन को ज्ञान के द्वारा, कर्म के द्वारा, भक्ति के द्वारा, ध्यान के द्वारा, आत्म संयम के द्वारा, स्वयं की विभूति द्वारा, श्रद्धा द्वारा, त्रिगुणों द्वारा, ज्ञान विज्ञान द्वारा, मोह और विषाद से मोक्ष तक पहुँचाते हैं।

जब कोई अपने-आपको अहंकार रहित कर प्रभु के समक्ष स्वयं को पूरी तरह समर्पित कर देता है तो फिर प्रभु उस शरणागत का दायित्व ले लेते है। अब उसका कल्याण करना, उसके लिए जो भी श्रेयस्कर है उससे अवगत कराना अपना दायित्व समझते हैं।

सातवें श्लोक में गीता गायन का मूल सूत्र छुपा है। इस श्लोक के प्रथम चरण में अर्जुन कहते हैं 'कार्पण्यदोषोपहतस्वभावः' यहाँ अर्जुन स्वीकारते हैं अपनी अज्ञानता और अपने दोषों को। इससे पूर्व प्रथम अध्याय में युद्ध न करने का कारण-बंधु-बांधवों की मृत्यु बताते है किन्तु यहाँ वे प्रभु के समक्ष स्पष्ट रूप से कहते हैं कि अपनी दुर्बलता के कारण मैं अपना कर्तव्य

भूल गया हूँ और सारा धैर्य खो चुका हूँ। फिर वे प्रभु से पूछते हैं 'पृच्छामि त्वां' कि मेरे लिए जो श्रेयस्कर है वह बताइए और अंत में पूरी तरह से समर्पित भाव से कह देते हैं 'शिष्यस्तेऽहं शाधि मां त्वां प्रपन्नम्' पहले स्वयं का शिष्यत्व स्वीकारते हैं। वे जानते हैं कि शिष्य हुए बिना सही मार्ग नहीं मिलेगा। भगवान सारथी तो हैं ही अब अर्जुन उन्हें अपना गुरु भी मान लेते हैं। सखा को गुरु मान लेना यह अर्जुन का निरहंकार भाव है। जब कोई अपने दोषों के साथ शिष्यत्व स्वीकारता है तब गुरु का दायित्व और भी बढ़ जाता है। यहाँ अर्जुन न केवल स्वयं को शिष्य कह रहे हैं बल्कि वे प्रपन्न भाव से स्वयं को समर्पित कर देते हैं। अब अर्जुन प्रभु के शरणागत हो गये हैं और उपदेश (शाधि) के लिए अनुरोध भी कर देते हैं। अब तक भगवान न तो उपदेश दे रहे थे, न ही ज्ञान और न ही उन्होंने दायित्व लिया था। जैसे ही अर्जुन ने 'शिष्यस्तेऽहं शाधि मां त्वां प्रपन्नम्' कहा तो भगवान ने फिर ग्यारवें श्लोक से अठारहवें अध्याय के बहत्तरवें श्लोक तक अर्जुन के अनुरोध का दायित्व निभाया। भगवान् द्वारा दिए गये ज्ञान के पश्चात अर्जुन अठारहवें अध्याय के तिहत्तरवें श्लोक में स्वीकारते हैं–

नष्टो मोहः स्मृतिर्लब्धा त्वत्प्रसादान्मयच्युत।
स्थितोऽस्मि गत संदेहः करिष्ये वचनं तव।। 18/73।।

हे कृष्ण, हे अच्युत! अब मेरा मोह दूर हो गया है। आपके अनुग्रह से मेरी स्मरण शक्ति वापस मिल गई है। अब मैं संशयरहित तथा दृढ़ हूँ और आपके आदेशानुसार कर्म करने के लिए तैयार हूँ। अतः निष्कर्षतः कहा जा सकता है कि शिष्यत्व के लिए आवश्यक है अपने दोषों का न केवल आकलन करें बल्कि उन दोषों को स्वीकारें भी और जब शिष्य पूरी तरह से समर्पित भाव से उपदेश चाहेगा तो गीता गायन भी होगा और अज्ञानता का अंधकार भी मिटेगा, संशय का नाश भी होगा और कर्तव्य का, स्वधर्म का ज्ञान भी होगा।

सूत्र

1. भगवान श्रीकृष्ण जैसे गुरु से उपदेश हेतु संपूर्ण समर्पण आवश्यक है। अर्जुन भगवान से कहते हैं –'शिष्यस्तेऽहं शाधि मां त्वां प्रपन्नम्'

2. मृत्यु देह की होती है आत्मा अविनाशी है वह देह परिवर्तित करती है।
3. स्वधर्म पालन ही श्रेष्ठ है।
4. मनुष्य का कर्म पर अधिकार है फल पर नहीं।

श्रीकृष्णार्पणमस्तु

तृतीय अध्याय

कर्मयोग

अर्जुन के प्रश्न समाप्त नहीं हो रहे हैं। शिष्यत्व स्वीकारने के कारण और अधिक सहजता से वे प्रभु से प्रश्न पूछ पा रहे हैं। भगवान ने द्वितीय अध्याय में मृत्यु, कर्म, कर्मफल, अनासक्त कर्म इत्यादि विषयों पर अर्जुन के आग्रह पर उपदेश दिए परन्तु अर्जुन ने अन्य सभी विषयों को छोड़कर जो प्रश्न किया; वह स्वयं को युद्ध से विरत रखने के उद्देश्य से किया। भगवान ने अर्जुन को द्वितीय अध्याय के अड़तालीसवें श्लोक में आसक्ति को त्यागकर समबुद्धि होने के लिए निर्देशित किया और अर्जुन ने कर्म को त्यागकर बुद्धि अर्थात् ज्ञान को स्वीकार कर भगवान से प्रश्न कर लिया। तृतीय अध्याय के प्रथम श्लोक में अर्जुन भगवान से पूछते हैं -

ज्यायसी चेत्कर्मणत्से मता बुद्धिर्जनार्दन।
तत् किं कर्मणि घोरे मां नियोजयसि।। 3/1 ।।

अर्जुन पूछते हैं - हे जनार्दन, हे केशव यदि आप बुद्धि को सकाम कर्म से श्रेष्ठ समझते हैं तो फिर आप इस घोर युद्ध में मुझे क्यों लगाना चाहते है। साथ ही अगले श्लोक में यह भी अनुरोध कर लेते हैं कि मुझे वह बताइए जो मेरे लिए श्रेयस्कर हो। भगवान अर्जुन की दुविधा को दूर करते हैं और उसको कर्म, नियत कर्म, यज्ञार्थ कर्म और कर्म की अनिवार्यता और अपरिहार्यता की महत्ता समझाते हैं।

सर्वप्रथम भगवान अर्जुन और मानव समाज के भ्रम को दूर करते हुए कहते हैं-

न हि कश्चित्क्षणमपि जातु तिष्ठस्य कर्मकृत।
कार्यते ह्यवशः कर्म सर्वः प्रकृतिजैर्गुणैः।। 3/5 ।।

निः संदेह कोई भी मनुष्य किसी भी काल में क्षण मात्र भी बिना कर्म किये नहीं रहता, क्योंकि सारा मनुष्य समुदाय प्रकृति जनित गुणों द्वारा परवश हुआ कर्म करने के लिये बाध्य है।

मनुष्य किसी भी क्षण कर्म रहित नहीं रहता, कैसे? उठना, बैठना, खाना, पीना, सोना, जागना, सोचना, मनन करना, स्वप्न देखना, ये सब कर्म निरंतर और अपरिहार्य है। इसलिए जब तक शरीर है तब तक मनुष्य अपनी प्रकृति अनुसार कर्म करता ही रहता है।

तो कर्म अपरिहार्य है। अब करणीय कर्म कौन से हैं और अनासक्त होकर कर्म कैसे करें! भगवान बड़े सरल तरीके से बताते हैं -

नियतं कुरु कर्म त्वं कर्म ज्यायो ह्यकर्मणः।
शरीरयात्रापि च ते न प्रसिद्ध्येदकर्मणः ।। 3/8 ।।

तू अपने नियत कर्म कर, क्योंकि कर्म न करने की अपेक्षा कर्म करना श्रेष्ठ है। कर्म के बिना तो शरीर निर्वाह भी नहीं हो सकता।

सबसे पहले लें नियत कर्म - अब ये नियत कर्म यदि परम्परा या शास्त्रानुसार लें ये वर्ण व्यवस्था, आश्रम व्यवस्था अनुसार हो सकते है। आज के परिप्रेक्ष्य में लें तो नियत कर्म, सामाजिक, व्यावसायिक, वैयक्तिक, पारिवारिक अलग-अलग स्थिति अनुसार हो सकते हैं। स्त्री, पुरुष, विद्यार्थी, चिकित्सक, शिक्षक पेशे अनुसार सबके अपने-अपने नियत कर्म हैं, उन्हें समझें और उसके अनुसार कर्म करें। द्वितीय अध्याय में भगवान ने 'स्वधर्म चावेक्ष्य' कहकर कर्म निर्धारित किये थे यहाँ नियत कर्म कहकर निर्धारित कर रहे हैं। यहाँ वे ही नियत कर्म हैं।

दूसरी बात है 'शरीरयात्रापि', अर्थात् शरीर का पालन करने के लिए भी कर्म अनिवार्य है अन्यथा कर्म त्याग से जीवन ही समाप्त हो जाएगा।

नियत कर्म और शरीर यापन के कर्मों के साथ एक और कर्म है जिसका

भगवान आग्रह कर रहे हैं, वह है- यज्ञार्थ कर्म अर्थात् लोक कल्याण या समाज कल्याण के कर्म। महात्मा गाँधी ने भी यज्ञ का अर्थ परोपकार के लिए कर्म से ही लिया है।

केवल शरीर यापन के लिए ही कर्म नहीं करना स्वयं के कल्याण के साथ पर कल्याण की भावना से भी कर्म करना है। यह एक चक्र है –

अन्नाद्भवन्ति भूतानि पर्जन्यादन्नसम्भवः।
यज्ञाद्भवति पर्जन्यो यज्ञः कर्मसमुद्भवः।। 3/14 ।।

सारे प्राणी अन्न पर आश्रित हैं जो वर्षा से उत्पन्न होता है, वर्षा यज्ञ संपन्न करने से होती है। और यज्ञ नियत कर्मों से उत्पन्न होता है।

समस्त ईश्वरीय सृष्टि का भरण-पोषण खाद्य पदार्थों अर्थात् अन्न से होता है अन्न की पैदावार वर्षा अर्थात् जल से होती है और समस्त जीव के परोपकार भाव से किए कर्मों अर्थात् यज्ञ-दान, त्याग, उदारता, सहृदयता, करुणा जैसे यज्ञार्थ कर्मों से होती है। इस प्रकार नियत कर्मो का करना आवश्यक है और इसी से संपूर्ण सृष्टि का भी और स्वयं मनुष्य का भी कल्याण होता है। इसलिए अर्जुन तू अपने नियत कर्म अनासक्त भाव से कर। तुझे इसलिए भी अपने नियत कर्म करना है क्योंकि श्रेष्ठ पुरुषों के कर्मों का अनुसरण और अनुकरण समस्त मनुष्य समुदाय करता है।

यद्यदाचरति श्रेष्ठस्तत्तदेवेतरो जनः।
स यत्प्रमाणं कुरुते लोकस्तदनुवर्तते।। 3/21 ।।

महापुरुष जो आचरण करते हैं व्यक्ति उसी का अनुसरण करते हैं। वे अनुकरणीय कार्यों से जो आदर्श प्रस्तुत करते हैं, संपूर्ण विश्व उसका अनुसरण करता है।

भगवान, अर्जुन को विभिन्न तरीकों से कर्म हेतु प्रेरित करते है कि कर्म तो तुझे करना ही है उस कर्म को नियत कर्म की तरह कर या यज्ञार्थ समझ कर और नहीं तो इसलिए कर कि तुझे एक वीर क्षत्रिय का आदर्श रूप माना जाता है और यदि तू अपना कर्म नहीं करेगा तो तेरा अनुसरण करने वाले भी अपना कर्म नहीं करेंगे। मैं भी इसीलिए कर्म करता हूँ। मेरे लिए

इस लोक या कहीं भी कोई कर्म नियत नहीं है फिर मुझे सावधान रहना होता है क्योंकि सब मेरा अनुसरण करते हैं।

न मे पार्थास्ति कर्तव्यं त्रिषु लोकेषु किंचन।
नानवाप्तमवाप्तव्यं वर्त एव च कर्मणि।। 3/22 ।।
यदि ह्यहं वर्तेयं जातु कर्मण्यतन्द्रितः।
मम वर्त्मानुवर्तन्ते मनुष्याः पार्थ सर्वशः।। 13/23 ।।

हे पृथा पुत्र! तीनों लोकों में मेरे लिए कोई भी कर्म नियत नहीं है, न मुझे किसी वस्तु का अभाव है और न आवश्यकता ही है। तो भी मैं नियत कर्म करने में तत्पर रहता हूँ। क्योंकि यदि मैं नियत कर्मों को सावधानी पूर्वक न करूँ तो हे पार्थ! यह निश्चित है कि सारे मनुष्य मेरे पथ का अनुगमन करेंगे।

भगवान अपना उदाहरण देकर भी पार्थ को अपने नियत कर्म के प्रति प्रेरित करते हैं।

भगवान अर्जुन की समस्या को भलीभांति समझ गये हैं। वे जानते हैं कि अर्जुन को युद्ध की ओर प्रेरित करने में अभी और तर्क देने होंगे। उन्हें ध्यान है कि अर्जुन ने अध्याय आरंभ में ही प्रश्न किया था कि यदि आप बुद्धि को सकाम कर्म से श्रेष्ठ समझते हैं तो फिर मुझे युद्ध में क्यों लगाना चाहते है। इसीलिए भगवान यह भी कहते हैं –

श्रेयान्स्वधर्मो विगुणः परधर्मात्स्वनुष्ठितात्।
स्वधर्मे निधनं श्रेयः परधर्मो भयावहः।। 3/35 ।।

दूसरे के उत्कृष्ट कर्म की तुलना में अपने गुण रहित कर्मों को पूरी निष्ठा से करना श्रेयस्कर है। अपने कर्म में मृत्यु भी कल्याण कारक है पराये कर्मों में प्रवृत होने की अपेक्षा अपने कर्म में मृत्यु भी श्रेष्ठतर है अन्य किसी के मार्ग का अनुसरण भयावह है।

भगवान अर्जुन को यही प्रबोध देना चाहते हैं कि यद्यपि तुम्हें युद्ध उचित नहीं लग रहा है तथापि यही तुम्हारा स्वधर्म और स्वकर्म है।

इस भौतिक संसार में भी लोग हमेशा असंतुष्ट रहते हैं दूसरे के कर्म को श्रेष्ठ और स्वयं के कर्म को कमतर आंकते हैं परन्तु नियत कर्म करने में ही कल्याण है। इसीलिए भगवान अर्जुन से कहते हैं कि –

मयि सर्वाणि कर्माणि संन्यस्याध्यात्मचेतसा:।
निराशीर्निर्ममो भूत्वा युध्यस्व विगतज्वर:।। 3/30 ।।

मुझ परमात्मा में लगे हुए चित्त द्वारा संपूर्ण कर्मों को मुझ में अर्पण करके आशा रहित, ममता रहित और संतोष रहित होकर युद्ध कर। इस प्रकार भगवान अर्जुन को नियत कर्म की ओर अग्रसर होने के लिए मार्ग सुझा रहे हैं।

प्रमुख सूत्र –

1. मनुष्य कर्म के बिना नहीं रह सकता।
2. प्रत्येक व्यक्ति के लिए अपने – अपने नियत कर्म करना आवश्यक है।
3. कर्म यज्ञार्थ अर्थात् लोक कल्याण के अनुसार होना चाहिए।
4. समस्त मनुष्य समुदाय, श्रेष्ठ जनों के कर्मों का अनुसरण करता है। अत: श्रेष्ठ जनों को अपने कर्म शास्त्रानुसार करना चाहिए।
5. दूसरों के श्रेष्ठ कर्मों के स्थान पर अपने साधारण कर्मों में रत रहना उचित है।

श्रीकृष्णार्पणमस्तु

चतुर्थ अध्याय

ज्ञानकर्म संन्यास योग

अर्जुन की विषाद युक्त मनोदशा को समझ कर भगवान अर्जुन को विषाद से मुक्त करने के लिए बहुत धैर्यपूर्वक एक-एक स्थिति स्पष्ट कर रहे हैं। भगवान इसलिए भी प्रत्येक बात स्पष्ट कर रहे हैं क्योंकि अर्जुन पूरी तरह से भगवान के प्रति समर्पित हो गया है, वह कह चुका है 'शिष्यस्तेऽहं शाधि मां त्वां प्रपन्नम्' अब शिष्य को तो उसकी विषाद ग्रस्त, मोहग्रस्त एवं दुविधाग्रस्त मनोदशा से उन्हें निकालना ही है। इसीलिए द्वितीय अध्याय में वे अर्जुन को बताते हैं कि तेरा कर्म पर अधिकार है फल पर नहीं इसलिये अनासक्त भाव से तू कर्म कर। तृतीय अध्याय में वे बताते हैं कि कर्म अनिवार्य है इसलिये तू शास्त्रानुसार अपना नियत कर्म कर। अब चतुर्थ अध्याय में वे विस्तार पूर्वक योग की प्राचीनता और अपने अवतरण का कारण बताते हुए उसे श्रद्धायुक्त और संशय रहित होने के लिए निर्देशित कर रहे हैं।

अध्याय के प्रथम तीन श्लोकों में भगवान अर्जुन को कर्मयोग की प्राचीनता और परम्परा बताते हुए कह रहे हैं कि मैंने इस अमर योग विद्या का उपदेश सूर्यदेव विवस्वान को दिया, विवस्वान ने मनु को और मनु ने इसका उपदेश इक्ष्वाकु को दिया तत्पश्चात् यह गुरु परम्परा से होते हुए राजर्षियों से होते हुए कछ समय पश्चात् यह लुप्त हो गया। उसी योग को अब मैं तुम्हे दे रहा हूँ क्योंकि तुम मेरे भक्त और सखा हो।

ज्ञान पाना भी सहज नहीं है गुरु हो या भगवान। ज्ञान पाने के लिये लिए ज्ञानार्जन के लिए कुछ शर्ते होती हैं, कुछ नियम होते हैं, कुछ सिद्धांत होते हैं। गुरु भी योग्य पात्र को ही ज्ञान देते हैं, यहाँ भी योग की इस प्राचीन परम्परा को प्राप्त करने की योग्यता भगवान को जब अर्जुन में दिखलाई दी तभी वे उसे ज्ञान दे रहे हैं। अर्जुन ने शिष्यत्व तो पहले ही स्वीकार लिया है सखा वे हैं ही और भक्त के गुण भी उनमें है इसीलिए भगवान उन्हें ज्ञान दे रहे है।

अब अर्जुन उनसे प्रश्न करते है जो किसी का भी हो सकता है कि आपका जन्म तो मेरे साथ का ही है तो फिर आपने विवस्वान् को यह ज्ञान कैसे दे दिया ? तब भगवान अर्जुन से कहते हैं कि तेरे और मेरे अनेकानेक जन्म हो चुके हैं मुझे तो उन सबका स्मरण है किन्तु तुम्हें उनका स्मरण नहीं है, क्योंकि मैं अजन्मा तथा अविनाशी हूँ और समस्त जीवों का स्वामी हूँ प्रत्येक युग में अपने दिव्य रूप में प्रगट होता हूँ। अब भगवान यह भी बता रहे हैं कि वे कब-कब अपने दिव्य रूप में प्रगट होते हैं -

यदा-यदा हि धर्मस्य ग्लानिर्भवति भारत।
अभ्युत्थानमधर्मस्य तदात्मानं सृजाम्यहम्।। 4/7 ।।
परित्राणाय साधूनां विनाशाय च दुष्कृताम्।
धर्मसंस्थापनार्थाय सम्भवामि युग युगे।। 4/8 ।।

हे भारतवंशी जब-जब धर्म की हानि होती है और अधर्म बढ़ने लगता है तब-तब मैं अवतार लेता हूँ ? दुष्टों के नाश और साधुओं के कल्याण के लिए एवं धर्म की स्थापना के लिए हर युग में प्रगट होता हूँ।

भगवान पाँच कारणों से प्रगट होते हैं -

1. धर्मस्य ग्लानिर्भवति - धर्म की हानि होने पर।
2. अधर्मस्य अभुत्थानम् - अधर्म की वृद्धि होने पर।
3. परित्राणाय साधूनां - साधुओं अर्थात सज्जनों की रक्षार्थ।
4. विनाशाय च दुष्कृताम् - दुष्कर्मियों के विनाश के लिए।
5. धर्मसंस्थापनार्थाय - धर्म की स्थापना के लिए।

धर्म की हानि से क्या तात्पर्य है? धर्म अर्थात् वे कारक जिनके कारण समाज कल्याण हो ईश्वरीय आस्था और पूजा पाठ से भिन्न अर्थ है यहाँ धर्म का। यहाँ धर्म का अर्थ अत्यंत व्यापक है यहाँ ईश्वरीय आस्था और धार्मिक अनुष्ठान के साथ समाज कल्याण भी समाहित है। तुलसी दास जी ने रामचरितमानस में धर्म के संबंध में कहा है 'परहित सरिस धरम नहीं भाई, परपीड़ा सम नहीं अधमाई' दूसरे के हित, दूसरे के कल्याण के समान धर्म नहीं है तो धर्म से तात्पर्य है सबका हित। समाज में जब अनीति, दुराचार, हिंसा, अविवेक, लोभ, स्वार्थ जैसे दुर्गुण बढ़ते हैं तो यह धर्म की हानि है।

जब धर्म की हानि होगी तो साधु अर्थात् सज्जन (आडम्बरी साधु नहीं) कष्ट में होंगे और दुष्कर्मियों का बोलबाला होगा ऐसे में भगवान सज्जनों की रक्षा के लिए एवं दुष्कर्मियों के नाश के लिए अवतार लेते हैं और धर्म की स्थापना करते हैं।

भगवान यह भी स्पष्ट करते हैं कि यद्यपि वे अर्जुन के सखा और मित्र हैं तथापि वे उनसे भिन्न है क्योंकि वे कहते हैं 'न मां कर्माणि लिम्पन्ति न में कर्मफले स्पृहा' न तो कर्म करते हुए मैं कर्म से लिप्त होता हूँ और न ही कर्मफल में मेरी लालसा है। अर्जुन को प्रेरित करते हुए भगवान यह भी बता रहे हैं कि ईश्वर उपासना में उपासक का भाव भी महत्वपूर्ण है। तत्पश्चात् वे यह भी बता रहे हैं कि मैं कर्म से लिप्त नहीं रहता परन्तु जो फल से लिप्त होकर मेरी उपासना करते हैं या जिस भी भाव से करते हैं उसी अनुसार फल भी पाते हैं।

ये यथा मां प्रपद्यते तांस्तथैव भजाम्यहम्
मम वर्त्मानुवर्तन्ते मनुष्याः पार्थ सर्वशः।। 4/11 ।।

जो मुझे जिस भाव से भजता है मैं भी उसे उसी भाव से भजता हूँ। हे पार्थ! प्रत्येक व्यक्ति सभी प्रकार से मेरे पथ का अनुगमन करता है। जो जिस भाव से भजता है कोई मित्र भाव से, कोई दास्य भाव से तो कोई वात्सल्य भाव से ईश्वर को भजता है। श्रीमद्‌भगवतपुराण में नौ प्रकार की भक्ति बताई गई है जिसे नवधा भक्ति कहा गया है -

श्रवणं कीर्तनं विष्णोः स्मरणं पादसेवनम्।
अर्चनं वन्दनं दास्य सख्यात्मनिवेदनम् ।।

श्रवण, कीर्तन, स्मरण, सेवा, अर्चना, वन्दना, दास-भाव, सखा एवं आत्म निवेदन ये नौ प्रकार हैं, ईश वंदना या भजन के। अब इसमें से जो जिस भाव से भजता है भगवान भी उन्हें उसी रूप भजते हैं। भगवान यह भी कहते हैं सभी मेरे पथ का अनुसरण करते हैं अर्थात मेरे द्वारा निर्मित नियमों के अनुसार ही जीते हैं। जो जैसा कर्म करता है वह वैसा ही फल पाता है।

समाज में यह भी देखने में आता है कि बहुत से लोग फल की आकांक्षा में पूजन करते हैं और उन्हें फल भी प्राप्त होता है। यह पूजन और यह फल किस प्रकार का है इसे भी भगवान स्पष्ट करते हैं-

कांक्षन्तः कर्मणां सिद्धिं यजन्त इह देवताः।
क्षिप्रं हि मानुषे लोके सिद्धिर्भवति कर्मजा।। 4/12 ।।

इस मनुष्य लोक में कर्मों का फल चाहने वाले लोग देवताओं का पूजन करते हैं और उन्हें शीघ्र ही फल भी मिल जाता है।

यहाँ भगवान स्वयं कह रहे हैं कि कर्म का फल मिल जाता है और अनासक्त कर्म का संदेश भी दे रहे हैं तो भगवान तो स्वयं ही दुविधा बढ़ा रहे हैं। परन्तु वास्तव में ऐसा नहीं है। वस्तुतः यहाँ कर्म फल के लिए देवता के पूजन की बात कही है। देवता और ईश्वर में अंतर है। ईश्वर एक ही है, वह परम शक्ति है और देवता उसी परम शक्ति - उसी एक ईश्वर का अंश है। ये देवता जीवात्माएं है। फलाकांक्षी अपने अनुसार इन देवताओं का पूजन करते है ये कोई भी हो सकते हैं। भौतिक वस्तुओं की आकांक्षा रखने वाले उच्च अधिकारी, मंत्री, नेता आदि का पूजन करते हैं और फल भी पा लेते हैं। इनके पूजन से फल तो मिल सकता है परन्तु संतुष्टि, सद्मार्ग और सद्गति नहीं मिल सकती ये तो सांसारिक लाभ के कर्म हैं।

भगवान ने इस अध्याय में कर्म, विकर्म और अकर्म की भी व्याख्या की है –

किं कर्म किमकर्मेति कवयोऽप्यत्र मोहिताः।
तते कर्म प्रवक्ष्यामि यज्ज्ञात्वा मोक्ष्यसेऽशुभात।। 4/16 ।।

कर्म क्या है और अकर्म इसे निश्चित करने में बुद्धिमान व्यक्ति भी मोहग्रस्त हो जाते हैं। अतएव मैं तुमको बताऊंगा कि कर्म क्या है जिससे तुम सारे अशुभ से मुक्त हो जाओगे। भगवान् अर्जुन को निरन्तर विषाद युक्त मनोदशा से निकलने के मार्ग सुझा रहे हैं। युद्ध के अशुभ परिणामों से आशंकित अर्जुन को भगवान यहाँ समस्त अशुभ से मुक्ति का मार्ग सुझा रहे हैं। वे आगे कहते हैं –

कर्मणो ह्यपि बोद्धव्यं बोद्धव्यं च विकर्मणः।
अकर्मणश्च बोद्धव्यं गहना कर्मणो गतिः।। 4/17 ।।

कर्म की बारीकियों को समझना कठिन है। अतः मनुष्य को चाहिए कि वह यह ठीक से जाने कि कर्म क्या है, विकर्म क्या है और अकर्म क्या है।

कर्म – फलासक्त होकर किया जाने वाला कर्म है।

विकर्म – निषिद्ध कर्म विकर्म है। झूठ, चोरी, व्यभिचार, हिंसा

अकर्म – अनासक्त भाव से किया गया कर्म–अकर्म है।

आगे भगवान ने अनासक्त भाव से किए गये कर्म और अकर्ता भाव की विशेषताएं बताते हुए यज्ञ की महत्ता बताई है।

अनासक्त भाव से किए गए कर्म की विषेषताएं –

- वह अनासक्त कर्मयोगी है, मनुष्यों में बुद्धिमान वह है जो कर्म में अकर्म (अनासक्त भाव) और अकर्म में कर्म देखता है।
- जो संपूर्ण शास्त्र सम्मत कर्म बिना कामना और संकल्प के करता है और समस्त कर्मों को ज्ञान रूप अग्नि में भस्म कर देता है वह पण्डित कहलाता है।

- जो कर्मों और उनके फल की आसक्ति को त्याग कर संसार के आश्रय से रहित हो परमात्मा में नित्यतृप्त हो जाता है वह अनासक्त कहलाता है।
- कर्म से न बँधने वाला कर्मयोगी कहलाता है।

भगवान ने द्रव्य यज्ञ से ज्ञान यज्ञ को श्रेष्ठ बताते हुए ज्ञान की पवित्रता के संबंध में कहा है -

न हि ज्ञानेन सदृशं पवित्रमिह विद्यते। 4/38

इस संसार में ज्ञान के समान पवित्र और उदात्त कुछ नहीं है। इस पवित्र ज्ञान को पाना सहज नहीं। इस ज्ञान को पाने के लिए गुरु के निकट जाना होगा।

तद्विद्धि प्रणिपातेन परिप्रश्नेन सेवया।
उपदेक्ष्यन्ति ते ज्ञानं ज्ञानिनस्तत्त्वदर्शिनः।। 4/34 ।।

तुम गुरु के पास जाकर सत्य को जानने का प्रयास करो। उनसे विनीत होकर जिज्ञासा करो और सेवा करो। स्वरूप सिद्ध व्यक्ति तुम्हें ज्ञान प्रदान कर सकते हैं क्योंकि उन्होंने तत्व का दर्शन किया है। तो ज्ञानार्जन के लिए आत्मज्ञान के लिए जिज्ञासु होने के साथ विनीत और सेवा भावी भी होना आवश्यक है। इस ज्ञान को प्राप्त करने का अधिकारी वह व्यक्ति है जो श्रद्धालु हो। श्रद्धा विहीन और संदेही व्यक्ति इस ज्ञान को प्राप्त नहीं कर सकता। इसलिए अर्जुन तुम संशय रहित हो जाओ -

तस्मादज्ञानसम्भूतं हृत्स्थं ज्ञानासिनात्मनः।
छित्वैनं संशयं योगमातिष्ठोत्तिष्ठ भारत।। 4/42 ।।

अतः तुम्हारे हृदय में अज्ञान के कारण जो संशय उठे हैं उन्हें ज्ञान रूपी शस्त्र से काट डालो। हे भारत! तुम योग से समन्वित होकर खड़े हो जाओ और युद्ध करो।

इस अध्याय में भगवान योग के माध्यम से अर्जुन को युद्ध की ओर प्रेरित कर रहे हैं क्योंकि योग अतिप्राचीन होने के साथ संशय से मुक्त करेगा, दुविधा मुक्त करेगा और अनासक्ति भाव पैदा कर अकर्ता होने का मार्ग प्रशस्त करेगा।

सूत्र-

1. कर्मयोग पद्धति अत्यंत प्राचीन है और भगवान ने इसका ज्ञान दिया है।
2. भगवान अधर्म के नाश और धर्म की स्थापना के लिए स्वयं प्रकट होते हैं।
3. द्रव्ययज्ञ से ज्ञान यज्ञ श्रेष्ठ है।
4. ज्ञान के समान उदात्त कुछ भी नहीं है।
5. ज्ञान प्राप्ति के लिए गुरु की निकटता, जिज्ञासा, सेवा, श्रद्धा, असंशय आवश्यक है।
6. ज्ञान को यज्ञ का रूप दे देने से उसका महत्व बढ़ जाता है।
7. निष्काम कर्म भी यदि ज्ञान पूर्वक किया जाए तो वह कर्म संन्यास बन जाता है।

श्रीकृष्णार्पणमस्तु

अध्याय पंचम

कर्म संन्यास योग

भगवद्गीता के तृतीय अध्याय में भगवान ने कर्म की महत्ता और अपरिहार्यता समझाई, चतुर्थ अध्याय में उन्हीं कर्मों से संन्यास के लिए ज्ञान की महत्ता समझाई। कर्मयोग (तृतीय अध्याय) में भगवान ने बताया कि कर्म क्या है। कर्म का ज्ञान होने पर कर्म के प्रति आसक्ति बनी रहती है, अकर्ता भाव आ नहीं पाता तो अकर्ता भाव कैसे आए इसके लिए भगवान ने ज्ञानकर्म संन्यास योग (चतुर्थ अध्याय) में ज्ञान की महत्ता बताई और कहा कि ज्ञान के पवित्र होने कारण, शुद्ध होने के कारण, ज्ञान रूपी अग्नि संपूर्ण कर्मों को भस्म कर देती है। कर्मों का भस्म हो जाना अर्थात् कर्मों के प्रति आसक्ति का नष्ट हो जाना, 'यह कार्य मैंने किया है' का भाव नष्ट हो जाना, अकर्ता भाव का आ जाना। तो क्रम यह है कि तृतीय अध्याय में भगवान ने कर्म बताए। जब कर्म जानेंगे तब ही तो ज्ञान द्वारा कर्मों से संन्यास होगा तो चतुर्थ अध्याय में भगवान ज्ञान द्वारा कर्मों से अनासक्ति। अब पंचम अध्याय में कर्म संन्यास योग – इन्द्रिय निग्रह द्वारा कर्म के प्रति अनासक्ति की ओर एक और कदम।

चतुर्थ अध्याय का आरंभ भगवान के कथन से हुआ था। पंचम अध्याय कर्म संन्यास योग का आरंभ अर्जुन के प्रश्न से है। चतुर्थ अध्याय के अंतिम श्लोक में भगवान ने अर्जुन से कहा कि तू अज्ञान जनित संशय का ज्ञान द्वारा नाश कर कर्मयोग की ओर अग्रसर हो जा। अब अर्जुन के समक्ष संशय तो नहीं दुविधा अवश्य है –

संन्यास कर्मणां कृष्ण पुनर्योग च शंससि।
यच्छ्रेय एतयोरेकं तन्मे ब्रूहि सुनिश्चितम् ।। 5/1 ।।

हे कृष्ण! आप कर्मों से संन्यास की और फिर निष्काम कर्मयोग की प्रशंसा करते हैं। इसलिए इन दोनों में से जो मेरे लिये पूर्णरूपेण कल्याणकारी हो, वह बताइए।

अर्जुन भगवान से बार-बार प्रश्न करते हैं। इससे पूर्व तृतीय अध्याय में भी ऐसी दुविधा ग्रस्त मनःस्थिति में उन्होंने पूछ लिया था कि ज्ञान (बुद्धि) एवं कर्म में क्या श्रेष्ठ है। इसके उत्तर में भगवान ने पहले कर्मयोग द्वारा तत्पश्चात् ज्ञान द्वारा कर्म संन्यास का, योग का मार्ग सुझाया। अब फिर अर्जुन की दुविधा है कि कर्मयोग उचित है, या ज्ञानद्वारा कर्म संन्यास योग? भगवान अर्जुन की दुविधा को दूर करते हुए कहते हैं -

संन्यासः कर्मयोगश्च निःश्रेयसकराभुवौ।
तयोस्तु कर्मसंन्यासात्कर्मयोगो विशिष्यते।। 5/2 ।।

कर्मसंन्यास और निष्काम कर्मयोग दोनों ही श्रेयस्कर है, फिर भी कर्मसंन्यास से निष्काम कर्मयोग श्रेष्ठ है।

कर्मयोग श्रेष्ठ है यह कहने के साथ ही भगवान यह भी स्पष्ट करते हैं कि संन्यास और कर्मयोग दोनों को अलग समझने वाले अल्पज्ञ हैं वस्तुतः दोनों में से किसी एक का भी भलीभांति अनुसरण किया जाए तो दोनों का फल प्राप्त होता है। अतः दोनों एक ही हैं।

अकर्ता भाव के लिए निरंतर प्रयत्न करना है। कर्मयोगी कर्म करता हुआ भी कर्म से लिप्त नहीं। इस अध्याय में भगवान ने कर्मयोगी के लक्षण बताए हैं।

कायेन मनसा बुध्दया केवलैरिन्द्रियैरपि।
योगिनः कर्म कुर्वन्ति सगं त्यक्त्वात्मशुद्धये।। 5/11 ।।

कर्मयोगी ममत्व बुद्धि त्याग कर शरीर से, मन से, और बुद्धि से अथवा केवल इन्द्रियों से अनासक्त होकर आत्मशुद्धि के लिए कर्म करते हैं।

भगवान अर्जुन की मनोदशा के अनुसार उसे धीरे-धीरे अनासक्ति की ओर प्रेरित कर रहे हैं क्योंकि एक सोपान पर पहुँच कर ही अगले सोपान पर पहुँचा जा सकता है। भगवान देख रहे हैं कि अर्जुन अब मन से दृढ़ हो रहा है इसीलिए वे उसे और आगे बढ़ने के लिए प्रेरित करते हुए यह स्पष्ट करते हैं कि तुम्हें यह समझना होगा कि तुम कर्ता नहीं हो तुम्हारे स्वाभविक गुण सब कराते हैं -

न कर्तृत्वं न कर्माणि लोकस्य सृजति प्रभुः।
नं कर्मफलसंयोगं स्वभावस्तु प्रवर्तते।। 5/14 ।।

जगत प्रभु न तो कर्तापन की रचना करते हैं न कर्म की रचना करते है और न वे कर्म तथा फल का मेल साधते हैं। यह सब तो प्रकृति के गुणों द्वारा ही किया जाता है। अर्थात् सत्, रज और तम गुणों के अनुसार ही व्यक्ति कर्म करता है और जैसा कर्म करता है उसका फल भी वैसा ही पाता है। तन, मन एवं बुद्धि से कर्म करना ही उसके अधिकार में है। इसी क्रम में वे आगे कहते हैं -

नादत्ते कस्यचित्पापं न चैव सुकृतं विभुः।
अज्ञानेनावृतं ज्ञानं तेन मुह्यन्ति जन्तवः।। 5/15 ।।

परमेश्वर न तो किसी के पापों को ग्रहण करते हैं और न ही पुण्यों को। मनुष्य अज्ञानता वश मोहग्रस्त होकर यह सोचता है कि उसके पाप और पुण्य कर्म को प्रभु ग्रहण करते हैं। यहाँ भगवान स्पष्ट कर रहे हैं कि कर्म ही महत्वपूर्ण है, इनके अनुसार ही मनुष्य का जीवन निर्धारित होता है और निष्काम भाव से किए कार्यों से ही मोक्ष प्राप्त होता है। जो कुछ भी करना है मनुष्य को ही करना है भगवान केवल मार्ग सुझा रहे हैं। यदि भगवान पाप या पुण्य ग्रहण करने लगेगें तो मनुष्य अपने दायित्यों से मुक्त होकर अपने सारे भले-बुरे कर्मों को भगवान पर डाल कर निश्चिंत हो जाएगा।

चतुर्थ अध्याय में भगवान ने ज्ञान की पवित्रता का कथन किया था यहाँ विद्या से प्राप्त विनय के लक्षण बता रहे हैं -

विद्या विनय संपन्ने ब्राह्मणे, गवि, हस्तिनि।
शुनि चैव श्वपाके च पंडिताः समदर्शिनः।। 5/18 ।।

समाज में हमेशा से भेद-भाव रहा है ब्राह्मण को उत्कृष्ट, शूद्र को निकृष्ट और पशुओं में भी भेदभाव रखते है गाय के पूज्य, कुत्ते को उपेक्षित मानते हैं परन्तु विद्या से विनय भाव आ जाने को कारण व्यक्ति की दृष्टि उदार हो जाती है वह ब्राह्मण, गाय, हाथी, कुत्ते और चाण्डाल सभी के प्रति समदर्शी हो जाता है। अध्यात्म की दृष्टि से इस तरह दृष्टि संपन्नता, अध्यात्म चेता को तो मुक्त करती है परन्तु सांसारिक दृष्टि से यदि समदर्शी हुआ जाए तो समाज में समरसता आ जाएगी। आपसी वैमनस्य और दुर्भावनाएँ नष्ट हो जाएंगी। व्यक्ति जब सामाजिक दृष्टि संपन्न हो जाएगा तो उसकी अगली सीढ़ी अध्यात्म या जीवनमुक्ति की ओर वह बढ़ सकेगी। इस प्रकार भगवान ने इस अध्याय में अनासक्त कर्मयोगी अथवा कर्म संन्यासी के लक्षण बताए हैं। अब उस परम अवस्था तक कैसे पहुँचा जाए यह भगवान ने अध्याय के 27वें एवं 28वें श्लोक में बताया है –

स्पर्शान्कृत्वा बहिर्बाह्यांश्चक्षुश्चैवान्तरे भ्रुवोः।
प्राणापानौ समौ कृत्वा नासाभ्यन्तरचारिणौ ।। 5/27 ।।

यतेन्द्रियमनोबुद्धिर्मुनिर्मोक्षपरायणः।
विगतेच्छाभयक्रोधो यः सदा मुक्त एव सः।। 5/28 ।।

बाहर के विषय भोगों का बहिष्कार करके, दृष्टि को भृकुटी के बीच स्थिर करके, नासिका के मार्ग से आने-जाने वाली प्राणवायु और अपान - वायु की गति को एक सी रखकर, इन्द्रियों, मन तथा बुद्धि को वश में रखकर तथा इच्छा भय और क्रोध से रहित होकर जो मुनि मोक्ष में परायण रहता है, वह सदा मुक्त ही हैं।

मुक्तावस्था तक पहुँचने का मार्ग भगवान ने बता दिया है। इन्द्रियों पर विजय पाने से या इन्द्रिय जनित कार्य करते हुए भी ऐसी भावना रखने से कि मैं कुछ नहीं करता अर्थात् देहाभिमान से रहित हो जाता है, अनासक्त भाव से कर्म करता है तो वह मुक्त हो जाता है। इस प्रकार भगवान ने यहाँ कर्म संन्यासी के अनेक लक्षण बताए हैं। मनुष्य सब का अभ्यास यदि न भी कर पाए तो कुछ तो कर ही सकता है।

ऐसा करके यदि वह मुक्तावस्था तक न भी पहुँच पाए परन्तु एक उदात्त सहृदय मनुष्य के स्तर पर तो पहुँच ही सकता है।

सूत्र -

1. संन्यास से तात्पर्य संसार त्याग नहीं बल्कि द्वेष और आकाक्षा से रहित होकर द्वन्द्वातीत होना है।
2. कर्मयोगी के लिए इन्द्रिय जनित कार्य स्वाभाविक गुण स्वभाव है।
3. भगवान मनुष्यों के पाप और पुण्य का दायित्व मनुष्य पर ही छोड़ते हैं।
4. विद्या से विनय संपन्नता मनुष्य को समदर्शी बनाती है।
5. कर्मयोगी और संन्यासी योगी (सांख्य योगी) में अंतर

   (क) कर्मयोगी स्वयं को कर्ता मानता है, सांख्य योगी कर्ता नहीं मानता।

   (ख) कर्म योगी अपने कर्मों को भगवान को अर्पित करता है संन्यास योगी मन और इन्द्रियों द्वारा होने वाली क्रियाओं को कर्म ही नहीं मानता।

   (ग) कर्मयोगी परमात्मा को अपने से पृथक मानता है संन्यास योगी सदा अभेद मानता है।

   (घ) कर्मयोगी प्रकृति और प्रकृति के पदार्थों की सत्ता स्वोकार करता है। संन्यास योगी एक ब्रह्म के अतिरिक्त किसी की सत्ता नहीं मानता।

श्रीकृष्णार्पणमस्तु

षष्ठ अध्याय

आत्मसंयम योग

भगवान देख रहे हैं कि अर्जुन का चित्त अब स्थिर हो रहा है अब वह विषाद की मनोदशा से निकल रहा है इसीलिए अब वे अर्जुन को आत्म संयम योग की ओर अग्रसर कर रहे हैं। इस अध्याय का आरंभ भगवान के कथन से हुआ है। भगवान यहाँ अर्जुन को साधक के गुण और स्थिति के संबंध में प्रबोध दे रहे हैं। अब अर्जुन इस मनोदशा में पहुँच गया है कि उसे इंद्रिय निग्रह के पश्चात् ध्यान समझाया जाए। सर्वप्रथम यहाँ भगवान योगी और संन्यासी के लक्षण बता रहे हैं –

अनाश्रित: कर्मफलं कार्य कर्म करोति य:।
स संन्यासी च योगी च न निराग्निर्न चाक्रिय: ।। 6/1 ।।

भगवान कहते हैं जो पुरुष कर्मफल के प्रति अनासक्त रहता है और जो अपने कर्तव्य का पालन करता है वही संन्यासी और योगी है वह नहीं जो न तो अग्नि जलाता है और न ही कर्म करता है।

भगवान के कथन से यह बात स्पष्ट हो रही कि महाभारत काल में भी योग और संन्यासी के संबंध में समाज में कोई स्पष्ट धारणा नहीं रही होगी। तभी तो भगवान ने पंचम अध्याय के दूसरे श्लोक में स्पष्ट किया है कि संन्यासी वह है जो द्वेष और आकांक्षा से रहित हो और द्वन्द्व मुक्त हो। यहाँ भी भगवान यही स्पष्ट कर रहे हैं कि बाह्य क्रियाओं से नहीं बल्कि जो कर्म फल के प्रति अनाश्रित हो वह योगी और संन्यासी है। आन तौर पर

भगवाधारी, कमण्डल लिए, वन-वन भटकने वाला संन्यासी होता है। भगवान के अनुसार तो शास्त्रानुसार कर्म करने वाला, गृहस्थ जीवन जीता हुआ व्यक्ति भी संन्यासी या योगी हो सकता है, उसे बस द्वेष, आकांक्षा और द्वन्द्व से मुक्त होना चाहिए। संन्यासी या योगी होने के लिए संसार का त्याग या अग्नि का त्याग करना आवश्यक नहीं है और वह अक्रिय तो बिल्कुल भी न हो। आगे भगवान यह भी कहते हैं कि जिसे संन्यास कहते हैं उसे ही योग या परब्रह्म से युक्त होना जानो। मन जब पूरी तरह से परब्रह्म से युक्त हो जाएगा तब ही तो योग अर्थात् जुड़ाव होगा।

अब भगवान साधना के विभिन्न पड़ावों से अर्जुन को अवगत करा रहे हैं।

एक होता आरुरुक्ष - अर्थात अभी योग प्रारंभ करने वाला है और इसके पश्चात् की अवस्था होती है - योगारूढ़ - इस अवस्था में समस्त शास्त्र विहित कर्म फल की आसक्ति से रहित होकर किए जाते हैं।

यदा हि नेन्द्रियार्थेषु न कर्मस्वनुषज्जते।
सर्वसंकल्पसंन्यासी योगारूढ़स्तदोच्यते ।। 6/4 ।।

जब कोई समस्त भौतिक इच्छाओं का त्याग करके न इन्द्रियतृप्ति के लिए कार्य करता है, और न सकाम कर्मों में प्रवृत्त होता है वह योगारूढ़ कहलाता है।

अगले श्लोक में भगवान जो कह रहे हैं वह योगी के लिए तो एक नियम है ही सांसारिक मनुष्य भी यदि इसे अपने जीवन में उतार ले तो वह भी एक श्रेष्ठ मनुष्य बनकर अपना और अप्रत्यक्ष रूप से समाज का भी कल्याण कर सकता है।

उद्धरेदात्मनात्मानं नात्मानमवसादयेत्।
आत्मैव ह्यात्मनो बन्धुरात्मैव रिपुरात्मनः।। 6/5 ।।

भगवान कहते है कि स्वयं का उद्धार स्वयं को ही करना है कोई दूसरा तुम्हारा उद्धार नहीं कर सकता। तुम अपना, अपने मन का उद्धार स्वयं ही कर सकते हो और अपनी आत्मा का, अपने मन का पतन मत होने दो तुम्हारा मन ही तुम्हारा मित्र है और शत्रु भी वही है।

आगे भगवान कहते हैं कि जिसने मन को जीत लिया उसके लिए सुख-दुख, सर्दी-गर्मी और मान-अपमान सब समान है। अब मन जीता कैसे जाए, उसे मित्र कैसे बनाया जाए -

1. अपनी इन्द्रियों पर नियंत्रण करके।
2. अपने मन पर नियंत्रण करके।
3. नियन्त्रण के परिणाम स्वरूप व्यक्ति 'समलोष्टामश्मकांचनः' हो जाता है अर्थात कंकड़, पत्थर, सोना सब उसकी दृष्टि में एक समान हो जाते हैं और वह योगी कहलाता है।
4. उसकी दृष्टि में सुहृद, मित्र, शत्रु, उदासीन, मध्यस्थ, पापी सब बराबर हो जाते हैं।

योगी वह व्यक्ति होता है जिसे आत्म-साक्षात्कार हो गया है, वह ज्ञान विज्ञानतृप्तात्मा होता है अर्थात् अर्जित ज्ञान के साथ उसे अनुभूति ज्ञान भी प्राप्त हो गया हो।

इस अवस्था तक पहुँचा कैसे जाए ?

- एकाकी होकर सतत् परमात्मा का ध्यान करें।
- निराशी अर्थात किसी से कोई आशा न करें।
- अपरिग्रही हो जाएं।

शुचौ देशे प्रतिष्ठाप्य स्थिरमासनमात्मनः।
नात्युच्छ्रितं नातिनीचं चौलाजिनकुशोत्तरम् ॥ 6/11 ॥

पवित्र स्थान - 'शुचौ देशे' पर आसन बिछाए वह स्थान न बहुत ऊँचा हो और न बहुत नीचे हो। आसन 'चैलाजिन कुशोत्तरम्' हो अर्थात चैल-अजिन मुलायम वस्त्र तथा मृगछाला हो, कुशा पर उस आसन को बिछा दें।

- मन एकाग्र हो
- सिर, गर्दन और रीढ़ एक सीध में हो
- नासिका के अग्र भाग को देखें और पूरी तरह अचल अवस्था में पहुँचें

- न ज्यादा खाएं न कम खाएं
- न ज्यादा सोएं न कम सोएं

युक्ताहार विहारस्य युक्तचेष्टस्य कर्मसु।
युक्तस्वप्नाव व बोधस्य योगो भवति दुःखहा।। 6/17 ।।

खाने- सोने, आमोद-प्रमोद तथा काम करने की आदतों में नियमित रहें। - परमात्मा के अतिरिक्त कुछ भी न सोचें

यो मां पश्यति सर्वत्र सर्व च मयि पश्यति।
तस्याहं न प्रणश्यामि स च मे न प्रणश्यति।। 6/30 ।।

मुझे सर्वत्र देखे सब कुछ मुझ में देखें जो ऐसा करता है उसके लिए न तो मैं कभी अदृश्य होता हूँ और न वह मेरे लिए अदृश्य होता है।

इतना सब सुनकर अर्जुन ने भगवान से जो प्रश्न किया वह सबका प्रश्न ही है क्योंकि इस अवस्था तक पहुँचना कठिन है वे पूछते हैं -

योऽयं योगस्त्वया प्रोक्तः साम्येन मधुसूदन।
एतस्याहं न पश्यामि चंचलत्वास्थितिं स्थिराम्।। 6/33 ।।

हे मधुसूदन! जो योग आपने समभाव से कहा है, मन की चंचलता के कारण मैं उसे नित्य स्थिति में नहीं देखता हूँ। मन को स्थिर रखना अत्यंत दुष्कर है।

प्रथमतः तो यह ध्यान योग अत्यंत कठिन है यदि ध्यान में स्थित हो भी जाएं तो इसकी निरंतरता मन की चंचलता के कारण टूटती है।

भगवान अर्जुन को कहते हैं कि मन को नियंत्रण में रखने के लिए निरंतर अभ्यास करते हुए वैराग्य अर्थात् छोटी-छोटी चीजों के प्रति विरक्त भाव पैदा करो।

अब फिर अर्जुन एक और प्रश्न करता है कि यदि साधना में व्यवधान आ जाए या साधक योग से विचलित हो तो उसकी गति क्या होती है। निश्चित ही यह महत्त्वपूर्ण प्रश्न है क्योंकि ध्यान योग में कुछ लोग बहुत देर से आते हैं, कुछ लोग इस दिशा में आगे तो बढ़ते है परन्तु उसका

निर्वाह नहीं कर पाते हैं, उनके मन में श्रद्धा और आस्था तो होती है परन्तु संयम टूट जाने के कारण इस साधना को साध नहीं पाते हैं या उनकी मृत्यु हो जाती है तो फिर ऐसे लोगों की क्या गति होती है। यहाँ भगवान ने जो कहा है उसके लिए दो बातें समझना होगी - पहली तो यह कि पुनर्जन्म को मानना होगा और दूसरी कर्मों का बचत खाता।

कर्मों का लेखा-जोखा भगवान के पास होता है, मनुष्य यदि साधना में रत रहता है या साधना से भटक भी जाता है तब वह इस मार्ग पर जितना आगे बढ़ा वे सब कर्म मृत्यु के साथ नष्ट नहीं होते बल्कि अगले जन्म में उसे इसका लाभ मिलता है। कैसे?

भगवान कहते हैं कि इस मार्ग पर चलने अर्थात् साधना मार्ग पर चलने वाला मनुष्य कभी दुर्गति को प्राप्त नहीं होता है, ऐसे मनुष्य विशुद्ध आचरण वाले लोगों के घर जन्म लेते है अथवा ज्ञानवान योगियों के कुल में जन्म लेते हैं और फिर सिद्धि प्राप्त करते है। अंत में अर्जुन से कहते हैं कि तू योगी बन।

तपस्विभ्योऽधिको योगी ज्ञानिभ्योऽपि मतोऽधिकः।
कर्मिभ्यश्चाधिको योगी तस्माद्योगी भवार्जुन।। 6/46 ।।

योगी-तपस्वियों, शास्त्राज्ञों तथा सकाम कर्मियों से श्रेष्ठ है इसलिए तू योगी बन। कोई तपस्वी तो कोई योगी होते हैं परन्तु जिसका तप और ज्ञान योगयुक्त है वही योगी भक्त है। भगवान को भक्त अधिक पसंद है क्योंकि भक्ति के अन्तर्गत कर्मयोग, ज्ञानयोग और तपयोग तीनों ही समाहित हैं।

भगवान ने विषादग्रस्त अर्जुन को क्रमशः कर्मयोग, ज्ञान कर्म संन्यास योग और कर्म संन्यास योग के पश्चात् यहाँ ध्यान योग तक पहुँचा कर आगे का मार्ग प्रशस्त किया है।

सूत्रः-

1. संन्यासी वह नहीं जो संसार त्याग कर निष्क्रिय बन जाता है बल्कि संन्यासी वह है जो कर्म करते हुए कर्मफल के प्रति आसक्त न हो।

2. भगवान स्पष्ट रूप से कहते हैं कि मनुष्य का उद्धार स्वयं मनुष्य ही कर सकता है, कोई दूसरा नहीं। भगवान उद्धार हेतु मार्ग सुझा सकते हैं।
3. मनुष्य का मन ही उसका मित्र है और वही शत्रु भी है। इसलिए वह अपने मन को मित्र बनाए।
4. मनुष्य के इस जन्म के वे कर्म जो योग साधना में लगे हैं वे नष्ट नहीं होते बल्कि अगले जन्म में वे कर्म उसे आगे बढ़ाते हैं।
5. एक अत्यंत महत्वपूर्ण बात भगवान ने जो योगी या साधक के लिए कही है वह विद्यार्थी, साधारण जन एवं किसी भी कार्य में रत व्यक्ति के जीवन में सकारात्मक परिवर्तन कर सकती है वह है - न ज्यादा खाना, न कम खाना, न ज्यादा सोना, न कम सोना अर्थात औचित्य पूर्ण तरीके से जीवन यापन करना।

श्रीकृष्णार्पणमस्तु

सप्तमः अध्याय

ज्ञानविज्ञानयोग

संपूर्ण श्रीमद्भगवद्गीता गीता विशेषज्ञों के अनुसार तीन भागो में विभक्त है- प्रथम छः अध्यायों में भगवान ने 'त्वम' अर्थात् जीव की व्याख्या की है जीव क्या है? उसके कर्तव्य क्या हैं? उन्हें वह अपने जीवन में कैसे समाविष्ट करे? स्वयं को जानना सबसे दुष्कर है तो स्वयं को कैसे जानें? छः अध्यायों का विषय है। सातवें अध्याय से बारहवें अध्याय तक का विषय है 'माम्' अर्थात् परमतत्व भगवान, भगवान कौन हैं? कैसे हैं? कहाँ हैं? क्योंकि जीव उसी परम तत्व का अंश है इसलिए परम तत्व को जानना भी आवश्यक है तो आगे के छह अध्यायों में भगवान ने 'माम्' तत्व की व्याख्या की है।

छटवें अध्याय के अंत में भगवान् अर्जुन से कहते हैं 'तस्माद्योगी भवार्जुन' अर्जुन योगी बनो और योगी बन कर श्रद्धावान होकर मेरे परायण हो जाओ। अब जब मेरे परायण हो जाओ भगवान कह रहे हैं तो मैं कौन हूँ यही भगवान सातवें अध्याय में बता रहे हैं। सातवें अध्याय में केवल भगवान का कथन है, अर्जुन मौन है।

अब तक भगवान अर्जुन और मनुष्य को उनके कर्तव्य का उपदेश दे रहे थे कि मनुष्य अर्थात् 'त्व' तत्व क्या है अब वे अर्जुन को जो उनका बाल सखा है को यह बता रहे हैं कि 'माम्' अर्थात् स्वयं भगवान कौन है, कहाँ है और क्यों उनकी भक्ति की जाए, क्यों उन्हें वह भक्त अति प्रिय है जो संशय रहित होकर, निशंक भाव से उनके आश्रित हो जाता है।

अध्याय का नाम है 'ज्ञानविज्ञानयोग' बाह्य ज्ञान के साथ अनुभव जन्य ज्ञान विज्ञान कहलाता है। यहाँ भगवान ज्ञान के साथ यह भी बता रहे हैं कि उनको कहाँ-कहाँ देखा और अनुभूत किया जा सकता है, मूर्ति के अतिरिक्त वे कहाँ हैं, उनको वहाँ कैसे जाना जाए। इसीलिए इस अध्याय का नाम 'ज्ञानविज्ञानयोग' है।

भगवान अर्जुन से कहते है कि संशय रहित होकर सुन -

ज्ञानं तेऽहं सविज्ञानमिदं वक्ष्याम्यशेषतः।
यज्ज्ञात्वा नेह भूयोऽन्यज्ज्ञातव्यमवशिष्यते।। 7/2 ।।

अब मैं तुम्हें पूर्णरूप से व्यावहारिक तथा दिव्य ज्ञान कहूंगा। इसे जान लेने पर तुम्हें जानने के लिए और कुछ भी शेष नहीं रहेगा। आगे भगवान यह कह रहे हैं कि सिद्धि पाने की दिशा में हजारों में से कोई एक ही आगे बढ़ता है और उनमें से कोई बिरला ही उन्हें वास्तविक रूप में तत्त्व से उन्हें जान पाता है। क्योंकि उन्हें जानने के लिए जानना होगी प्रकृति जो परा प्रकृति और अपरा प्रकृति है। अपरा अर्थात् जड़ प्रकृति के संबंध में वे कहते हैं कि भूमि, जल, अग्नि, वायु, आकाश, मन, बुद्धि और अहंकार में प्रभु की अपरा प्रकृति है अर्थात् जड़ प्रकृति है, और यह जगत जिस प्रकृति पर आधारित है वह मेरी जीव रूपा प्रकृति अर्थात् चेतन प्रकृति है । इस प्रकार भगवान प्रमाणित करना चाहते हैं कि समस्त प्राणी जगत इन्हीं दोनों प्रकृतियों से उत्पन्न है, और संपूर्ण जगत का कारण वह ही हैं उन्हीं से इस जगत की उत्पत्ति और प्रलय है। जिस प्रकार मोती को धागा बांध कर रखता है उसी प्रकार संपूर्ण जगत में जड़ में, चेतन में वे ही सूत्र की तरह हैं। सब उन्हीं पर आश्रित है परा और अपरा प्रकृति द्वारा प्रभु सर्वव्यापी हैं। अपनी सर्वव्यापकता को प्रभु विभिन्न माध्यमों से बता रहे हैं।

रसोऽहमप्सु कौन्तेय प्रभास्मि शशिसूर्ययोः।
प्रणवः सर्ववेदेषु शब्दः खे पौरुषं नृषु।। 7/8 ।।

हे कुन्तीपुत्र मैं जल में रस हूँ, सूर्य और चन्द्रमा में प्रकाश हूँ, वैदिक मंत्रों में ओंकार हूँ और आकाश में शब्द हूँ और पुरुषों में सामर्थ्य मै ही हूँ।

आगे वे बताते हैं कि पृथ्वी में सुगंध, अग्नि में तेज, समस्त जीवों में जीवन और तपस्वी में तप वे ही हैं। जीवों का बीज रूप वे ही हैं अर्थात् उन्हीं से समस्त जीव हैं, बुद्धिमानों की बुद्धि, तेजस्वी पुरुषों का तेज वे ही हैं। वे उन बलवानों का बल जो स्वयं की कामनाओं और इच्छाओं से रहित हो गये हैं अर्थात् जिनका बल पर कल्याण के लिए हैं उनका वे बल हैं। वे काम भी हैं परन्तु वह काम जो धर्मानुकूल है।

अब प्रश्न यह है, कि भगवान यदि सर्वत्र हैं तो, सारा संसार उन्हें खोजता क्यों है? भगवान स्वयं इसका कारण बता रहे हैं –

त्रिभिर्गुणमयैर्भावैरेभिः सर्वमिदं जगत्।
मोहितं नाभिजानाति मामेभ्यः परमव्ययम् ।। 7/3 ।।

तीन गुणों (सत, रज, तम) के द्वारा मोहग्रस्त यह सारा संसार नुझ गुणातीत तथा अविनाशी को नहीं जानता।

मनुष्य तीन गुणों, कोई रज के कारण, कोई तम के कारण और कोई सतोगुण के आवरण से मोह ग्रस्त रहता है इसलिए प्रभु को देख नहीं पाता या जान नहीं पाता। तो फिर क्या किया जाए ..... भगवान कहते हैं – तीन गुणों से युक्त इस माया से पार पाना अत्यंत कठिन हैं परन्तु जो भावपूर्ण तरीके से मेरी भक्ति करता है वह इसके पार हो जाता है। माया क्या है ? माया अर्थात् असत् को ही सत् समझ लेना, सर्वव्यापक होते हुए भी भगवद् तत्व दिखायी नहीं देता, इसी का नाम माया है। इसी कारण जगत् को माया जनित कहा जाता है। कहा गया है 'ब्रह्म सत्य जगत् मिथ्या' परन्तु जगत् के मिथ्यात्व को भेद कर ब्रह्म के सत्य तक पहुँचने में माया, बाधा उत्पन्न करती है। माया, बाधा तो पैदा करती ही है कुछ की बुद्धि उनका ज्ञान भी हर लेती है वे आसुरी प्रवृत्ति के हो जाते हैं। ऐसे लोग प्रभु शरणागत नहीं होते। परन्तु जो आसुरी प्रवृत्ति के नहीं हैं वे भगवान को भजते है। उन्हीं भक्तों के प्रकारों के विषय में भगवान कहते हैं –

चतुर्विधा भजन्ते मां जनाः सुकृतिनोऽर्जुन।
आर्तो जिज्ञासुरर्थार्थी ज्ञानी च भरतर्षभ।। 7/16 ।।

उत्तम कर्म करने वाले आर्त, जिज्ञासु, अर्थार्थी और ज्ञानी चार प्रकार के भक्त जन मुझे भजते हैं।

भक्तों के साथ एक शब्द लगा है सुकृतिनः अर्थात् उत्तम कर्म करने वाले भक्त। यह सुनिश्चित है कि भगवान भक्त के लिए उत्तम उद्देश्य और कर्म आवश्यक मानते हैं।

सबसे पहले *आर्त भक्त*– वह भक्त जो स्वयं के या दूसरे के दुःख से दुखी होकर ईश्वर को पुकारे तो वह आर्त भक्त कहलाता है जैसे द्रौपदी।

जिज्ञासु भक्त – वह भक्त है जो जिज्ञासु हो – दुःख के कारण के प्रति, परमात्मा के तत्त्व के प्रति, मानव के कर्म और कर्तव्य के प्रति, स्वयं के कर्म और कर्तव्य के प्रति जिज्ञासु होते है। परीक्षित आदि।

अर्थार्थी भक्त – अर्थात् अर्थ की कामना हेतु भक्ति करने वाला परन्तु यह अर्थ की कामना स्वयं के लिए नहीं बल्कि कल्याण की कामना, परोपकार की भावना के लिए अर्थ की चाह।

ज्ञानी भक्त – वह भक्त जिसे दुःख का ज्ञान हो, जो जिज्ञासु होकर कल्याण की कामना करे और संपूर्ण सृष्टि में परमात्मा को ही देखता है ज्ञानी भक्त कहलाता है। जैसे– प्रहलाद।

भगवान ज्ञानी भक्त को श्रेष्ठ मानते हैं क्योंकि वह भगवान को तत्त्व से जानता है और अभिन्न होता है। ज्ञानी भक्त बहुत जन्मों के पश्चात् जान पाता है कि सब कुछ वासुदेव का ही स्वरूप है परन्तु ऐसे भक्त बिरले ही होते हैं।

अब भगवान एक और उत्सुकता शांत कर रहे हैं। यह उत्सुकता है कि मनुष्य बहुत से देवी–देवताओं को पूजता है तो क्या उनका पूजन भी प्रभु का ही है पूजन है और उसकी महत्ता क्या है? भगवान ने यहाँ स्पष्ट किया है कि –

कामैस्तैस्तैर्हृतज्ञानाः प्रपद्यन्तेऽन्यदेवताः।
तं तं नियममास्थाय प्रकृत्या नियताः स्वया।। 7/22 ।।

जिनकी बुद्धि भौतिक इच्छाओं द्वारा मारी गई है, वे देवताओं की शरण में जाते हैं और वे अपने-अपने स्वभाव के अनुसार पूजा को विशेष विधि-विधानों का पालन करते है।

भगवान यह स्पष्ट कर रहे हैं कि कामनाओं की पूर्ति हेतु देवताओं की पूजा विधि-विधानों (आडम्बर) से करते हैं परन्तु इससे होने लाभों और इस हेतु श्रद्धा भी भगवान के द्वारा ही निर्धारित है। इस भक्ति से भक्त की कामना पूर्ति तो हो जाती है परन्तु यह क्षणिक है।

मनुष्य अपनी अल्पज्ञता के कारण भगवान के संबंध में भ्रम पूर्ण धारणाएं बना लेता है। भगवान कहते हैं कि अपनी बुद्धिहीनता के कारण लोग सोचते है कि मैं पहले अव्यक्त था और बाद में उन्होंने रूप आकार धारण किया है। ऐसे मूर्खों के लिए वे कभी प्रकट नहीं होते जो उन्हें अजन्मा और अविनाशी नहीं जानते। भगवान त्रिकाल दृष्टा हैं परन्तु उनके इस रूप को मोहग्रस्त मनुष्य नहीं जान पाते परन्तु जो वृद्धावस्था तथा मृत्यु से मुक्ति पाना चाहते हैं वे प्रभु की भक्ति कर उनके शरणागत हो जाते हैं और ब्रह्मस्वरूप को प्राप्त करते है।

साधिभूताधिदैव मां साधियज्ञं च ये विदुः।
प्रयाणकालेऽपि च मां ते विदुर्युक्तचेतसः।। 7/30 ।।

जो लोग अधिभूत, अधिदैव सहित तथा अधियज्ञ सहित मुझे अंतकाल में भी जानते हैं वे मुझे प्राप्त हो जाते हैं।

अधिभूत, आधिदैव एवं अधियज्ञ अर्थात सर्वत्र भगवान के अतिरिक्त परमात्मा के अतिरिक्त कुछ नहीं देखते वे मृत्यु के समय शांत रहते हैं, उन्हीं में लीन हो जाते हैं।

अधिभूत, आधिदैव और अधियज्ञ का विस्तृत विवेचन अगले अध्याय 'अक्षर ब्रह्म योग' में किया गया है।

सातवें अध्याय में भगवान ने स्वयं का एवं भक्तों का विवेचन किया है। यहाँ यह महत्वपूर्ण तत्व सामने आया है कि प्रभु को ढूंढने कहीं और क्यों जाना वे तो हमारे आस-पास ही हैं एकदम हमारे निकट कभी सूर्य

चन्द्र के प्रकाश के रूप में तो कभी जल में, पृथ्वी में, अग्नि में सर्वत्र वे ही हैं इसलिए प्रभु के प्रति समर्पण चाहे आर्त भाव से करो या (अर्थ) भाव से, चाहे जिज्ञासु होकर करो या ज्ञानी होकर वे अवश्य सहायतार्थ खड़े होते हैं।

सूत्र -

1. प्रभु, ईश्वरीय सत्ता सर्वव्यापक है।
2. प्रभु समस्त प्राकृतिक उपादानों यथा सूर्य, चन्द्रमा, जल, पृथ्वी, अग्नि आदि में अनुभूत कर सकते हो।
3. भक्त चार प्रकार के होते हैं - आर्त, जिज्ञासु अर्थार्थी एवं ज्ञानी।
4. विभिन्न देवी देवताओं का पूजन सांसारिक लाभार्थ किया जाता है और यह लाभ क्षणिक होता है।
5. देवी-देवता प्रभु की ही अन्य शक्तियाँ हैं परन्तु वे प्रभु नहीं हैं। इसलिए इन सबको छोड़कर प्रभु का ही स्मरण क्यों न किया जाय।
6. भगवान अजन्मा और अविनाशी हैं। मूर्खता वश बुद्धिहीन लोग यह समझते हैं कि भगवान पहले निराकार थे और बाद में वे साकार रूप में प्रगट हुए।

श्रीकृष्णार्पणमस्तु

अष्टमः अध्याय

अक्षरब्रह्म योग

सातवें अध्याय से भगवद्गीता की विषयवस्तु 'त्व' अर्थात् 'जीव' से 'माम्' पर आ गई है। 'माम्' अर्थात् भगवान, वह ईश्वरीय सत्ता जो सर्वत्र है, जो व्यक्त भी है और अव्यक्त भी, जो अविनाशी और अजन्मा है उसे भक्त कैसे देखे, समझे, भजे और उनके शरणागत हो। उस परम शक्ति को पहचानने के लिए भगवान मार्गदर्शन कर रहे हैं।

सातवें अध्याय के अंतिम श्लोक के संदर्भ में ही आठवें अध्याय का आरंभ हुआ है। सातवें अध्याय में अधिभूत, अधिदैव और अधियज्ञ शब्द आए हैं ऐसे ही और प्रश्न है। अर्जुन भगवान से प्रश्न करते हैं -

किं तद् ब्रह्म किमध्यात्मं किं कर्म पुरुषोत्तम।
अधिभूत च किं प्रोक्तमधिदैवं किमुच्यते।। 8/1 ।।

अधियज्ञः कथं कोऽत्र देहेऽस्मिन्मधुसूदनः।
प्रयाणकाले च कथं ज्ञेयोऽसि नियतात्मभिः।। 8/2 ।।

सातवें अध्याय में भगवान ने जो जो कहा यहाँ उन्हीं से संबन्धित प्रश्न अर्जुन भगवान से पूछ रहा है - ये प्रश्न हैं:- (1) वह ब्रह्म क्या है? (2) अध्यात्म क्या है? (3) कर्म क्या है? (4) अधिभूत क्या है? (5) अधिदैव क्या है? (6) इस शरीर में अधियज्ञ क्या है और किस प्रकार है? (7) युक्त चित्त लोग मृत्यु के समय आपको कैसे जानते हैं?

अब भगवान एक-एक करके अर्जुन के प्रश्नों के उत्तर दे रहे हैं-

1. ब्रहम क्या है? भगवान बता रहे हैं 'अक्षर ब्रह्म परमं' परम अक्षर ब्रह्म है। जिसका क्षंर न हो, जिसका नाश न हो अर्थात् ब्रह्म अविनाशी है साथ ही वह परम अर्थात् पूर्ण और सर्वोच्च तथा सर्वोत्कृष्ट है।
2. अध्यात्म क्या है? 'स्वभावोऽध्यात्ममुच्यते' स्वभाव को अध्यात्म कहते हैं। स्वभाव अर्थात् इस शरीर में जो परमात्म शक्ति विद्यमान है, उसी को स्वभाव एवं अध्यात्म कहते हैं, स्वयं का अध्ययन अध्यात्म है। वासुदेवशरण अग्रवाल ने इस संबंध में कहा है – "जो अपना भाव अर्थात् प्रत्येक जीव की एक-एक शरीर में पृथक्-पृथक् सत्ता है, वही अध्यात्म है।" अध्यात्म का अर्थ है अपने भीतर के चेतन तत्व को जानना, मानना और दर्शन करना अर्थात अपने आप के बारे में जानना या आत्म प्रज्ञ होना। हमारे अंदर जो परमात्मा का अंश है उसे जानना।
3. कर्म क्या है? 'भूतभावोद्भवकरो विसर्गः कर्मसंज्ञितः' भूतों के भावों को उत्पन्न करने वाला जो त्याग है वह कर्म नाम से जाना जाता है। प्राणिमात्र के जीवन को उन्नत करने वाला प्रयत्न, कर्म कहलाता है। सभी कुछ त्याग देना मन, बुद्धि, इन्द्रियाँ जनित आकांक्षाएं और अहम् का भी विसर्ग अर्थात् त्याग कर्म है। इस प्रकार निरन्तर स्व का विसर्जन कर्म है।
4. अधिभूत क्या है? 'अधिभूत क्षरो भावः' समस्त नाशवान पदार्थ अधिभूत हैं। ब्रह्म अक्षर है क्योंकि उनकी उत्पति नहीं होती, जिसकी उत्पत्ति होती उसका क्षर होता है। अपरा प्रकृति अर्थात् पृथ्वी, जल, अग्नि, वायु, आकाश, मन, बुद्धि, अहंकार और उसके परिणाम से उत्पन्न विनाशशील तत्व हैं इनका प्रतिक्षण क्षय हो रहा है। अतः अधिभूत क्षर भाव है।
5. देह में अधियज्ञ क्या है और किस प्रकार है? 'अधियज्ञोऽहमेवात्रदेहे देहभृतां वर' अधियज्ञ मैं स्वयं हूँ। प्रभु ही अधियज्ञ है। प्रत्येक

देहधारी में परमात्मास्वरूप स्थित मैं परमेश्वर अधियज्ञ (यज्ञ का स्वामी) कहलाता हूँ। प्रत्येक शरीर में आत्मा सहित परमात्मा का वास होता है यह परमात्मा अधियज्ञ कहलाता है।

6. आधिदेव क्या है? 'पुरुषश्चाधिदैवतम्' पुरुष को अधिदैव कहते हैं। जीवात्मा अधिदैव है। अधिभूत अर्थात् अपरा प्रकृति और अधिदैव अर्थात् परा प्रकृति, चेतन शक्ति।

7. युक्त चित्त वाले मृत्यु के समय आपको कैसे जानते हैं? इस प्रश्न का उत्तर पाँचवे और छटवें श्लोक में है। भगवान कहते हैं – अंतकाल में जो मेरा स्मरण करते हुए शरीर का त्याग करता है वह तुरंत मेरे स्वभाव को प्राप्त कर लेता है। इसी प्रकार शरीर त्यागते हुए जो जिस भाव का स्मरण करता है उसी भाव को प्राप्त करता है।

मृत्यु के समय ही भगवान का स्मरण कर लेने मात्र से भगवान की कृपा नहीं मिलती। यदि ऐसा हो तो मनुष्य आजीवन सांसारिक जीवन जिए और मृत्यु के समय भगवान का स्मरण कर ले। गूढ़ बातों को समाज में सरल तरीके से ग्रहण कर लिया जाता है। इसी कारण पण्डितों ने यह भ्रम फैला दिया कि मृत्यु के समय गीता का पाठ करो, मुँह में गंगाजल और तुलसी पत्र डाल दो। यदि इतना आसान है मुक्त होना तो फिर कर्म ही क्यों करें। इस भ्रम में न पड़ें इसीलिए भगवान कहते हैं –

तस्मात्सर्वेषु कालेषु मामनुस्मर युद्ध च।
मय्यर्पितमनोबुद्धिर्मामेवैष्यस्यसंशयम्:।। 8/7 ।।

इसलिए निरंतर मेरा स्मरण कर और युद्ध भी कर। अपनी मन बुद्धि मुझमें अर्पण करने से निःसंदेह मुझको प्राप्त होगा।

तो केवल आसन्न मृत्यु को देखकर ईश्वर का स्मरण कल्याण कारक नहीं है। निरन्तर उस परमसत्ता का स्मरण करना होगा। स्मरण करते हुए निष्क्रिय नहीं होना है। यही नहीं कि बस सारे कर्मों से विमुख हो जाओ और मंदिर में भगवान के सामने बैठकर केवल भगवान का भजन करो, नहीं कर्म करते हुए, युद्ध करते हुए, संघर्ष करते हुए, विपरीत परिस्थितियों में भी एक क्षण भगवान का विस्मरण न हो साथ ही अपना मन और बुद्धि

भी भगवान को अर्पित करना होगा। मन और बुद्धि अर्पित करने से तात्पर्य सांसारिक कर्म करते हुए भी ध्यान भगवान का ही हो। तो मृत्यु या अंतकाल में स्मरण संपूर्ण जीवन का परिणाम है तात्कालिक या क्षणिक नहीं।

भगवान का स्मरण तो करना है, चिन्तन तो करना है, कैसे करे? क्या विधि है इसकी, भगवान बता रहे हैं –

कविं पुराणमनुशासितारमणोरणीयांसमनुस्मरेद्यः।
सर्वस्य धातारमचिन्त्यरूपमादित्य वर्णं तमसः परस्तात्।।

भगवान बता रहे हैं कि उनका स्मरण निरंतर किस रूप में करें, तो सबसे पहले भगवान उस परम शक्ति को स्वयं के लिए 'कवि' विशेषण से अभिहित करते हैं। वह कवि हैं, कवि से यहाँ तात्पर्य काव्य सृजन करने वाला नहीं बल्कि कवि अर्थात् सर्वज्ञ, दृष्टा और सृष्टा जो सब जानता हो, सर्वत्र रहता हो। कहा भी गया है 'कविर्मनीषी परिभूः स्वयंभूः'। 'परिभूः' अर्थात् जो अनुभूति के क्षेत्र में सब कुछ समेट ले और 'स्वयंभूः' जो अपनी अनुभूति के लिए किसी का ऋणी भी न हो। इस प्रकार काव्य उसी मनीषी की सृष्टि है, जो स्वयं संपूर्ण और सर्वज्ञ हो, परमसत्ता परमात्मा के सिवा ऐसा और कौन हो सकता है। यह ज्ञात हो जाने पर कि वह सर्वज्ञ है योगी भक्त मन तथा बुद्धि से स्वयं को अर्पित कर उसका निरन्तर स्मरण कर सकता है।

भगवान ने दूसरा विशेषण दिया है 'पुराण' अर्थात् पुराना जो सनातन है, अनादि है, सर्वशक्तिमान है। तीसरा विशेषण है 'अनुशासिताम्' अर्थात् सब को अपने अनुशासन में रखने वाला सबका नियंता। वह सब पर नियन्त्रण रखने वाला है समस्त जड़-चेतन, चर-अचर, गोचर-अगोचर का नियंता वही है।

'अणोरणीयम्' अर्थात अणु की तरह सूक्ष्म। वह ईश्वरीय सत्ता यदि सर्वत्र, सर्वज्ञ, नियंता और सनातन है तो वह सूक्ष्म भी है और सूक्ष्म होकर भी 'धातारम्' सबका पालन करने वाला भी है फिर भी 'अचिन्त्य' है अर्थात् अकल्पनीय है, इतने विशेषण लगाने के बाद भी उनके विषय में

सही-सही कल्पना नहीं की जा सकती, उनकी शक्ति हमारी कल्पना या विचार से परे है इसलिए वे अचिन्त्य है। 'आदित्यवर्णम्' कहकर उन्हें एक रूप में, दृश्य रूप में भी बता रहे हैं कि वह सर्वज्ञ, सर्वत्र, नियंता, सनातन, सूक्ष्म और अचिंत्य है परन्तु उन्हें यदि समझना है तो समझ सकते हैं कि वह सूर्य के समान तेजस्वी हैं और अंधकार अर्थात् अज्ञान और दुःख से परे दिव्य रूप हैं।

भगवान अर्जुन को सच्चिदानंद घनरूप परम पद तक पहुँचने का मार्ग बताते हुए स्पष्ट कर रहे हैं कि इस मार्ग तक कैसे पहुँचा जाय। इसके लिए इंद्रियों के समस्त द्वार बंद करना होगा, समस्त द्वार अर्थात् बाह्य, भौतिक जगत से संबन्धों का परिहार, इन्द्रिय जनित आकांक्षाओं, लालसाओं, इच्छाओं का त्याग। समस्त द्वार हैं- आँखे, कान, नासिका, ओष्ठ। कबीर दास ने कहा है-

> दस द्वारे का पींजरा जामे पंछी पौन।
> रहिबे को अचरज, जाए तो अचरज कौन।।

इस शरीर के दस द्वार हैं और उसमें प्राण रूपी पंछी निवास करता है दस द्वारों से जाने में कोई आश्चर्य नहीं, वह रह रहा है यही आश्चर्य है। तो इन दस द्वारों को संयमित करके मन को हृदय में स्थित करके अर्थात् ध्यानावस्था में पहुँचकर अन्तरमन में परमात्मा का ध्यान कर प्राणवायु को मस्तक में स्थापित कर 'ऊँ' अक्षर रूप का उच्चारण कर परमसत्ता का चिन्तन करते हुए जो प्राण त्यागता है वह आवागमन के बंधनों से मुक्त हो जाता है, मोक्ष प्राप्त कर लेता है।

इसीलिए भगवान यह भी बता रहे हैं कि ईश्वर का स्मरण अनन्य चित से किया जाए साथ ही यह स्मरण निरंतर हो। अनन्य चित्त अर्थात् एकाग्र एक के प्रति, किसी अन्य के प्रति नहीं। जो अनन्य चित्त होकर प्रभु का स्मरण करता है वे उनके लिए सहज रूप से उपलब्ध हो जाते हैं। तुलसीदास की भक्ति राम के प्रति अनन्य भक्ति हैं। उनकी भक्ति का आदर्श चातक है जो स्वाति नक्षत्र का जल ही पीता है। उन्होंने कहा भी है-

एक भरोसो एक बल, एक आस बिस्वास।
एक राम घनश्याम हित, चातक तुलसीदास।।

इसी तरह से मीरा, रहीम, रसखान और सूर की भी कृष्ण के प्रति भक्ति अनन्य भाव की भक्ति है।

भगवान पहले बता चुके हैं कि मृत्यु के समय जिसका जो भाव रहता है वह उसी भाव को प्राप्त होता है। आगे भगवान यह भी बता रहे हैं कि मृत्यु का कौन सा समय या काल होता है जिसमें प्रयाण करने से योगी मोक्ष को प्राप्त कर लेता है। एक शुक्ल गति है, प्रकाशमय गति, उत्तरायण गति अर्थात् सद्कर्मों, निष्काम कर्मों की गति, परकल्याण की गति, निरंतर स्मरण की गति यदि इस तरह के योगी की मृत्यु होती है तो वह मुक्त हो जाता है। दूसरी है कृष्ण गति, अंधकार गति, दक्षिणायन गति अर्थात् कर्मकाण्ड की गति, स्वार्थ और अज्ञान की गति, स्मरण में व्यवधान की गति इस तरह के मनुष्य की मृत्यु होती है तो वह आवागमन के बंधनों में पड़ा रह कर बार-बार जन्म लेता है।

इन दोनों मार्गों को तत्व से जानकर योगी मोहग्रस्त नहीं होता है। इसलिए अर्जुन तुम सभी कालों में समबुद्धि रूप योग से युक्त होकर मुझे पाने की ओर अग्रसर होओ। इस बात को जान लेने वाला अन्य मार्गो जैसे - वेदाध्ययन, यज्ञ, तप, दान आदि मार्गों को पार करते हुए सनातन परमपद को प्राप्त हो जाता है।

सूत्र -

1. परमात्मा, प्रभु, परमशक्ति या ब्रह्म अक्षर है अर्थात् जिसका क्षरण नहीं होता वह पूर्ण और अनादि, अजन्मा और अविनाशी है।
2. परमशक्ति, भगवान स्थूल भी है और सूक्ष्म भी वह सर्वज्ञ, सनातन, नियंता, पालनकर्ता, अणु के समान सूक्ष्म और अचिन्त्य है।
3. प्रभु का स्मरण निरंतर करते हुए रहने से अंतिम समय में भी प्रभु का स्मरण बना रहता है और जो अंतिम समय में प्रभु का स्मरण करता है वह प्रभु को प्राप्त होता है।

4. प्रभु का स्मरण अनन्य भाव से किया जाना चाहिए।
5. जो निष्काम कर्म करते, पर कल्याण भाव से प्रभु का स्मरण करता है उसे शुक्ल गति अर्थात् मुक्ति मिल जाती है।
6. जो सकाम भाव, अज्ञान में पड़ा रहता है उसे कृष्ण गति प्राप्त होती है। वह मुक्त न होकर पुनः जन्म लेता है।

श्रीकृष्णार्पणमस्तु

नवम् अध्यायः

राजविद्याराजगुह्ययोग

अर्जुन की मनोदशा बदल रही है, अर्जुन अब प्रश्न नहीं कर रहे हैं और न अपनी विषाद पूर्ण दशा के विषय में कुछ कह रहे हैं। भगवान भी अब आश्वस्त हैं कि अर्जुन ज्ञान पाने की, और जानने की मनोदशा तक पहुँच गये हैं। अर्जुन की सरलता, निश्छलता, समर्पण और दोषहीनता को देखकर अर्जुन के पूछे बिना ही भगवान, अब अर्जुन को उस विद्या का ज्ञान दे रहे हैं जो समस्त विधाओं की राजा है।

इदं तु ते गुह्यतमं प्रवक्ष्याम्यनसूयवे।
ज्ञानं विज्ञानसहितं यज्ज्ञात्वा मोक्ष्यसे ऽशुभात्।। 9/1 ।।

हे अर्जुन! तुम ईर्ष्यारहित, दोषरहित दृष्टिवाले हो इसलिए मैं तुम्हें उस गूढ़तम ज्ञान को अनुभूति सहित कहूंगा जिसे जानकर तुम समस्त अशुभ से मुक्त हो जाओगे।

प्रथम अध्याय से आठवें अध्याय तक भगवान ने अर्जुन की ईर्ष्यारहित बुद्धि और स्वयं के प्रति असीम श्रद्धा, आस्था, निष्ठा और आसक्ति (मय्यासक्त मना पार्थ) देखकर ही नवे अध्याय में वे अर्जुन को समस्त अशुभों (जिनका कथन अर्जुन ने प्रथम अध्याय में किया) दुःखों और आशंकाओं से मुक्त हो जाने का आश्वासन दे रहे हैं।

क्या है वह ज्ञान और क्या विशेषताएं हैं इस ज्ञान की -

राजविद्या राजगुह्यं पवित्र मिदमुत्तमम्।
प्रत्यक्षावगमं धर्म्यं सुसुखं कर्तुमव्ययम्।। 9/2 ।।

वह ज्ञान

1. समस्त विद्याओं की राजा है।
2. गोपनीय ज्ञान है।
3. पवित्र, परमशुद्ध है।
4. उत्तम दिव्य है।
5. प्रत्यक्ष अनुभव कराने वाला है।
6. धर्म का सिद्धांत है।
7. सुखपूर्वक करने योग्य है।
8. अविनाशी एवं कर्तापन का ह्रास करने वाला है।

इतने अलौकिक ज्ञान और दिव्य ज्ञान को प्राप्त करना सहज नहीं है यद्यपि सुखपूर्वक करने योग्य है। इसके लिए श्रद्धा भाव का होना आवश्यक है, अश्रद्धालु इसमें प्रवेश नहीं कर सकते। तो श्रद्धा अर्थात् प्रेम, भक्ति, समर्पण, विश्वास, निष्ठा होने पर तो इस ज्ञान को जाना जा सकता है परन्तु अश्रद्धालु भौतिक जगत में ही भटकते रहते हैं।

भगवान ने इस राजविद्या राजयोग की विशेषताएँ तो बता दीं अब भगवान आगे बताएंगे कि यह गूढ़ ज्ञान है क्या?

संपूर्ण जगत के संचालक भगवान - सातवें और आठवें अध्याय में भगवान स्वयं की सर्वव्यापकता बता चुके हैं यहाँ वे उससे आगे यह बता रहें है कि वे किस तरह संपूर्ण जगत का संचालन करते हैं। समस्त सृष्टि उनके अव्यक्त रूप द्वारा संचालित है, समस्त जीव उनमें है परन्तु वे जीव से लिप्त नहीं है। अद्वैतवादी चिन्तक इसे इस तरह कहते हैं कि जिस प्रकार सागर में उठने वाली लहरें और सागर का जल एक ही है परन्तु लहर नष्ट होकर सागर का ही रूप ले लेती है तात्पर्य यह कि जल में लहर है लहर में जल नहीं वह जल का ही रूप है। इसी प्रकार आभूषण में स्वर्ण है परन्तु स्वर्ण में आभूषण नहीं है। एक उदाहरण भी दिया जाता है घड़े में मिट्टी है परन्तु मिट्टी में घड़ा नहीं। ऐसे ही जीव में प्रभु है परन्तु प्रभु में जीव नहीं है। भगवान इस सृष्टि के कारण स्वरूप है इसलिए समस्त सृष्टि के

पालनकर्ता होकर भी, सर्वत्र व्याप्त होकर भी वे इसमें स्थित नहीं है। उसी प्रकार जैसे:-

यथाकाशस्थितो नित्यं वायुः सर्वत्रगो महान।
तथा सर्वाणिभूतानि मत्स्थानीत्युपधारय।। 9/6 ।।

जिस प्रकार आकाश से उत्पन्न होने वाली वायु सदा ही आकाश में स्थित है वैसे ही मुझ से उत्पन्न होने वाले संपूर्ण भूत (जीव) मुझमें स्थित हैं।

भगवान जगत के अध्यक्ष -

मयाध्यक्षेण प्रकृति सूयते सचराचरम्।
हेतुनानेन कौन्तेय जगद्विपरिवर्तते।। 9/10 ।।

भगवान अर्जुन को स्वयं की स्थिति के विषय में बता रहे हैं। यह संपूर्ण जगत उन्हीं के अधीन है और कर्म उन्हें बाँधते नहीं ये तो केवल जीव को बाँधते हैं क्योंकि भगवान की त्रिगुणात्मक प्रकृति की माया में जीव तो बंधता है परन्तु वे इससे विरक्त रहते हैं। भगवान की अध्यक्षता में ही यह भौतिक प्रकृति कार्य करती है, चराचर जगत् की रचना करती है उनके शासन में जगत् सृजित और विनष्ट होता है।

मनुष्य मूढ़ता वश भगवान को समझ नहीं पाता -

विशाल क्षमतावान प्रभु के अव्यक्त रूप को लोग समझ नहीं पाते और व्यक्त साकार रूप, मनुष्य रूप को भी समझ नहीं पाते हैं। इसीलिए भगवान कहते हैं-

अवजानन्ति मां मूढ़ा मानुषी तनुमाश्रितम्।
परं भावमजानन्तों मम भूत महेश्वरम्।। 9/11 ।।

संपूर्ण भूतों के महान ईश्वर तथा मेरे परम भाव को न जानने वाले मूढ़ लोग मुझको सामान्य मानव समझते हैं। जब मैं मनुष्य रूप में अवतरित होता हूँ तो मूर्ख मेरा उपहास करते है। वे मुझ परमेश्वर के दिव्य स्वभाव को नहीं जानते।

समस्त सृष्टि के संचालक के अव्यक्त रूप को तो मूढ़ मनुष्य समझ ही नहीं पाते हैं उनके अवतारी रूप को भी, मनुष्य रूप को नहीं समझ पाते हैं। भगवान इसी तरह के विचार सातवें अध्याय के 24 श्लोक में भी प्रकट कर चुके हैं -

अव्यक्तं व्यक्तिमापन्नं मन्यन्ते मामबुद्धयः।
परं भावमजानन्तो ममाव्ययमनुत्तमम्।। 7/24 ।।

बुद्धिहीन अल्पज्ञानी मनुष्य मुझको ठीक से न जानने के कारण यह सोचते हैं कि पहले मैं निराकार था और अब मैंने इस स्वरूप को धारण किया है। वे अपने अल्पज्ञान के कारण मेरी अविनाशी और सर्वोच्च प्रकृति को जान ही नहीं पाते हैं।

भक्तिभाव एवं भक्ति - भक्त, भक्तिभाव एवं भक्ति जैसे गूढ़ विषय की भी व्याख्या भगवान कर रहे हैं। लोग भगवान की भक्ति तो करते हैं परन्तु भगवान की दिव्यता को जाने बगैर फलाकांक्षा में, लोभ में, मोह में भक्ति तो करते हैं परन्तु न तो वे सच्चे भक्त हैं और न ही उनकी भक्ति सच्ची है। इस प्रकार के भक्तों को भगवान ने आसुरी प्रकृति से आश्रित भक्त कहा है। जो दैवी भक्ति पर आश्रित भक्त हैं वे प्रभु को आदि और अविनाशी जानकार भक्ति करते हैं। ऐसे भक्तों को भगवान महान आत्मा कहते हैं।

भगवान अनन्य भाव और निरन्तर भक्ति पर बल देते है। सातवें एवं आठवें अध्याय में भगवान ने निरंतर एवं अनन्य भक्ति की बात कही। यहाँ भगवान बता रहे हैं कि महान् भक्त किस-किस रूप में उपासना करते है।

ज्ञानयज्ञेन चाप्यन्ये यजन्तो मामुपासते।
एकत्वेन पृथ्वत्वेन बहुधा विश्वतोमुखम्।। 9/15 ।।

विराट रूप परमात्मा को कोई ज्ञान यज्ञ द्वारा एकत्व भाव से कोई पृथक भाव से और कोई विविध भावों से मानते हैं।

कोई अद्वैत भाव और कोई द्वैत भाव से उपासना करता है तो कोई सर्वात्म भाव से उपासना करता है। अद्वैत अर्थात् जीवात्मा और परमात्मा

एक ही है अभेद भाव 'अहं ब्रह्मस्मि' भाव से। द्वैत भाव जीव एवं परमात्मा पृथक् है और सर्वात्म अर्थात् समस्त सृष्टि में उसी परमशक्ति का दर्शन करना।

सर्वत्र परमात्मा की, भगवान की उपस्थिति -

भगवान आगे यह बता रहे हैं कि समस्त उपासना पद्धतियों, उनके क्रिया-कलापों, उनके माध्यमों सभी में वे स्वयं उपस्थित हैं। वेदोक्त कर्म, यज्ञ, स्वधा वनस्पति, मंत्र, घृत, अग्नि, हवन द्रव्यादि और हवन क्रिया सब में वे ही हैं। यही नहीं जितने सांसारिक संबंध और संबन्धी हैं वे भी भगवान ही हैं -

पिताहमस्य जगतो माता धाता पितामहः।
वेद्यं पवित्रमोकार ऋक्साम यजुरेव च।। 9/17 ।।

गतिर्भर्ता प्रभुः साक्षी निवासः शरणं सुहृत्।
प्रभवः प्रलयः स्थानं निधानं बीजमव्ययम्।। 9/18 ।।

इस संपूर्ण जगत् का धाता अर्थात् धारण करने वाला एवं कर्मों का फल देने वाला, पिता, माता, पितामह, जानने योग्य, पवित्र ओंकार तथा ऋग्वेद, सामवेद और यजुर्वेद भी मैं ही हूँ। प्राप्त होने योग्य परम धाम, भरण-पोषण करने वाला, सबका स्वामी, शुभाशुभ देखने वाला सबका वास स्थान, शरण लेने योग्य, प्रत्युपकार न चाहकर हित करने वाला, सबकी उत्पत्ति-प्रलय का कारण, स्थिति, आधार, निधान और अविनाशी कारण भी मैं ही हूँ। भगवान अमृत भी हैं और मृत्यु भी, सत् भी और असत् भी।

तो समस्त गोचर अगोचर वस्तु, रिश्ते-नाते, सबका आधार भगवान ही हैं। यदि यह जान लिया तो मनुष्य भटकेगा नहीं। कम से कम भक्ति और भगवान के महात्म्य को तो जान ही जाएगा।

अनन्य भक्ति - अर्थात एकनिष्ठ भक्ति-

भगवान अनन्य भक्ति पर बहुत बल देते हैं। आठवें अध्याय के चौदहवें

श्लोक में भी इसी पर बल दिया है। यहाँ भी भगवान अर्जुन से कह रहे हैं कि-

अनन्याश्चिन्तयन्तो मां ये जनाः पर्युपासते।
तेषां नित्याभियुक्तानां योगक्षेमं वहाम्यहम्।। 9/22 ।।

जो भक्त अनन्य भाव से निष्काम भाव से निरंतर मेरा भजन करते हैं उनके योग क्षेम को मैं वहन करता हूँ।

यहाँ 'योगक्षेम' बहुत अर्थपूर्ण है। योग अर्थात् अप्राप्त की प्राप्ति और क्षेम का अर्थ है प्राप्त की रक्षा करना। भगवान 'योगक्षेम' को वहन करते हैं आवश्यकता बस यही है कि निरंतर निष्काम भाव से प्रभु का स्मरण।

अन्य देवताओं का पूजन- सामान्य रूप से समाज में लोग अनेक देवी-देवताओं का पूजन करते हैं। भगवान यह गूढ़ रहस्य बता रहे हैं कि जो अन्य देवताओं की पूजा करते हैं वे वस्तुतः उन्हें ही पूजते हैं अर्थात् भगवान को पूजते है परन्तु विधिपूर्वक पूजन न करने के कारण वे मोक्ष को प्राप्त नहीं होते। भगवान यह भी बता रहे हैं कि जो जिसकी उपासना करता है वह उसी को प्राप्त होता है। देवता को पूजने वाले देवताओं को, पितरों को पूजने वाले पितरों को, भूतों को पूजने वाले भूतों को और प्रभु को पूजने वाले प्रभु को प्राप्त होते हैं। इसी संदर्भ में भगवान यह कह रहे हैं कि वे अत्यंत सरल भाव से भक्तों द्वारा समर्पित भोग ग्रहण करते हैं -

पत्र, पुष्पं फल तोयं यो में भक्त्या प्रयच्छति।
तदहं भक्त्युपहृतमश्नामि प्रयतात्मनः ।। 9/26 ।।

शुद्ध आत्मा से पूर्ण समर्पण के साथ भक्त मुझे पत्ती, फूल, फल, जल जो भी अर्पित करता है मैं उसको ग्रहण करता हूँ। कितना सुन्दर भाव है भगवान का गूढ़ रहस्य भी और सरल भी। भगवान फिर एक मार्ग अर्जुन को सुझा रहे हैं -

यत्करोषि यदश्नासि यज्जुहोषि ददासि यत्।
यत्तपस्यासि कौन्तेय तत्कुरुष्व मदर्पणम्।। 9/27।।

हे अर्जुन! तू जो कर्म करता है, जो खाता है, जो हवन करता है, जो दान देता है और जो तप करता है, वह सब मुझे अर्पण कर दे। इस प्रकार तुम शुभाशुभ से मुक्त होकर निष्काम भाव से कर्म कर सकोगे।

भगवान समभाव –

मां हि पार्थ व्यपाश्रित्य येऽपि स्युः पापयोनयः।
स्त्रियो वैश्यास्तथा शूद्रास्तेऽपि यांति परां गतिम्।। 9/32 ।।

हे पार्थ! जो लोग मेरी शरण ग्रहण करते हैं, वे भले निम्न जन्मा, स्त्री, वैश्य, शूद्र क्यों न हो, वे परम धाम को प्राप्त करते हैं।

भगवान भेदभाव रहित होकर अपने भक्तों का उद्धार करते हैं चाहे फिर वह स्त्री, वैश्य, शूद्र यहाँ तक कि कोई दुराचार छोड़कर भगवान की भक्ति में रत हो जाता है तो उसका भी भगवान कल्याण कर देते हैं। मानव समाज में भेदभाव हो सकता है भगवान की दृष्टि में सभी भक्त समान हैं। यहाँ एक शब्द आया है 'पापयोनयः' निम्न जन्मा, प्रश्न उठाया जा सकता है कि भगवान ने निम्नकुल में स्त्री को क्यों रखा ? भगवान चूंकि सामाजिकों की दृष्टि से अर्जुन को गूढ़ रहस्य समझा रहे हैं और प्राचीन काल से ही स्त्रियों के संबंध मे यही धारणा बनी हुई है कि उनका स्थान निम्न है, शूद्र के समकक्ष। वैदिक काल से लेकर महाभारत काल तक अनेक सामाजिक परिवर्तनों के कारण बाद में स्त्रियों के प्रति उपेक्षा भाव बढ़ने लगा था। इसीलिए भगवान की दृष्टि में तो सब समान हैं परन्तु समाज की दृष्टि में नहीं है। किसी के मन में इस तरह का प्रश्न उत्पन्न हो कि समाज में जो निम्न माने जाते हैं, जिन्हें वेद पढ़ने और पूजा उपासना करने का अधिकार नहीं है उनकी क्या स्थिति होगी ? तब इसी को दृष्टिगत रखते हुए भगवान ने स्वयं ही उत्तर दे दिया।

राजविद्या की गूढ़ता बताते हुए भगवान अंत में इसका समापन करते हुए अर्जुन को कह रहे हैं कि –

मन्मना भव मद्‌भक्तो मद्याजी मां नमस्कुरु।
मामे वैष्यसि युक्त्वैवमात्मानं मत्परायणः।। 9/34 ।।

अपने मन को नित्य मेरे चिन्तन में लगाओ, मेरे भक्त बनो, मुझे नमस्कार करो। निरन्तर मेरा भजन, पूजन और मनन करने वाला बनो। इस प्रकार मेरी शरण में आकर एकात्म भाव से तू मुझे प्राप्त होगा।

निष्कर्षतः भगवान के प्रति पूर्ण समर्पण, अनन्य एवं निरंतर स्मरण एवं श्रद्धा पूर्ण होकर ही उद्धार हो सकता है।

सूत्र -

1. भगवान संपूर्ण सृष्टि के संचालक हैं और उनकी अध्यक्षता में ही यह भौतिक प्रकृति कार्य करती है।
2. मूढ़तावश मनुष्य भगवान के न तो निराकार रूप को ही समझ पाता है और न ही साकार रूप को। भ्रमित होकर देवताओं का पूजन करता है और भटकता रहता है।
3. समस्त संबन्धों, नातों रिश्तों का आधार भगवान ही हैं।
4. भगवान को एकनिष्ठ और अनन्य भक्त अतिप्रिय है। इसीलिए भगवान उनके योगक्षेम को वहन करते हैं।
5. भगवान समस्त भक्तों के प्रति समभाव रखते हैं। सामाजिकों की तरह उनकी दृष्टि में ऊँच-नीच, जाति-पाँति, स्त्री-पुरुष का भेद नहीं है।

श्रीकृष्णार्पणमस्तु

दशम अध्यायः

विभूति योग

अर्जुनविषादयुक्त मनः स्थिति से अब निकल रहे हैं। आरंभ के तीन अध्याय तक तो अर्जुन दुविधा ग्रस्त मनोदशा में थे और वे पूछते भी हैं कि जब ज्ञान श्रेष्ठ है तो आप मुझे इस घोर कर्म में क्यों लगा रहे हैं। ध्यान योग तक भगवान अर्जुन को विषाद से मुक्त करने की प्रक्रिया में लगे थे। धीरे-धीरे जब अर्जुन स्वस्थ मनोदशा में पहुँच गये तब भगवान उन्हें 'ज्ञान-विज्ञान योग' के माध्यम से स्वयं के विषय में ज्ञान देते हुए 'अक्षर-ब्रह्म' को स्पष्ट करते हैं और फिर अर्जुन की दोषहीन दृष्टि को देखते हुये 'राजविद्या राजगुह्य योग' का ज्ञान देते हैं। प्रभु की वाणी को सुनते हुए अर्जुन पूर्णतः भगवान के प्रति समर्पित होकर सम्मोहित से हो गये हैं।

भगवान देख रहे हैं कि अर्जुन अब पूर्णतः उनके प्रति आश्वस्त हो गये हैं, अब उन्हें कंपन नहीं हो रहा है, अब वे दृढ़ हो गये हैं। इसीलिए भगवान अर्जुन को अब अपनी विभूति से परिचित करवा रहे हैं वो भी बिना अर्जुन के पूछे। भगवान अपनी विभूति सातवें एवं आठवें अध्याय में बता चुके हैं यहाँ उसका विस्तार है।

यहाँ भक्त और भगवान दोनों का एक दूसरे पर विश्वास और दृढ़ हो गया है। भगवान शिष्य, मित्र और भक्त अर्जुन में श्रद्धा, आस्था, निष्ठा और प्रपन्न भाव एवं अपने प्रति एकनिष्ठा एवं अतिशय प्रेम देखकर अर्जुन के पूछे बिना ही अपने परम रहस्य उसे बता रहे हैं -

भगवान कहते हैं कि –

भूय एव महाबाहो श्रृणु मे परमं वचः।
यत्तेऽहं प्रीयमाणाय वक्ष्यामि हितकाम्यया।। 10/1 ।।

हे महाबाहो! पुनः मेरे परम रहस्य और प्रभावयुक्त वचन को सुन जिसे मैं तुझे अतिशय प्रेम रखनेवाले के लिए कल्याण की इच्छा से कहूँगा।

भगवान का स्वरूप दिव्य और अलौकिक है उनको पूर्णतः जान पाना किसी के लिए भी संभव नहीं और न ही किसी में क्षमता है। इसीलिए भगवान मानव की सामान्य बुद्धि और क्षमता के अनुसार विभिन्न चाक्षुश और ऐन्द्रिय माध्यमों से अपनी विभूति का ज्ञान दे रहे हैं। यद्यपि भगवान पहले ही कह चुके हैं कि मानव अपनी मूढ़ता और बुद्धि हीनता के कारण न तो उनके व्यक्त रूप को ही समझ पाता है और न ही अव्यक्त रूप को। फिर भी वे अर्जुन को अपनी विभूति से परिचित कराने के लिए बताते हैं कि उनकी विभूति या ऐश्वर्य को कोई नहीं जानता न महर्षि, न देवता क्योंकि उनकी उत्पत्ति का कारण वे 'स्वयं' हैं। सप्तऋषि, उनसे पूर्व के चार अन्य महर्षि सारे मनु सब उन्हीं से उत्पन्न हुए हैं। समस्त जीव उन्हीं से उत्पन्न हुए हैं। वे अजन्मा, अनादि और समस्त लोकों के स्वामी हैं। यही नहीं जीवों के समस्त गुण और दुर्गुण भी उन्हीं के द्वारा उत्पन्न हैं।

भगवान के कथन पर अर्जुन अभिभूत होकर अपने दिव्य स्वरूप के संबंध में कहने का आग्रह करते हैं और जानना चाहते हैं कि वे उनका चिन्तन किस रूप में करें–

कथं विद्यामहं योगिंस्त्वां सदा परिचिन्तयन्।
केषु केषु च भावेषु चिन्त्योऽसि भगवन्मया।। 10/17 ।।

हे योगेश्वर! मैं किस प्रकार निरन्तर चिन्तन करता हुआ आपको जानूँ और हे भगवान! आप किन–किन भावों से मेरे चिन्तन योग्य हैं।

भगवान ने जब अपनी विभूतियों के संबंध में बताया है तो कहीं भी मूर्ति या प्रतिमा, देवालय या एक निश्चित स्थान का उल्लेख नहीं किया। ईश्वरीय चेतना और सत्ता मूर्ति में या मंदिर में ही है यह जानकर भक्त

भगवान को एक निश्चित रूप, स्थान में केन्द्रित कर अपने लिए अन्य स्थानों पर छूट ले लेता है और बेईमानी, चोरी, झूठ जैसे दुष्कर्म करता है। भगवान ने अर्जुन को अपनी विभूति बताते हुए समस्त गोचर अगोचर, जड़-चेतन, जगत में अपनी विभूति का विस्तार बताया है।

सबसे पहले भगवान कहते हैं कि समस्त प्राणियों का आत्मा और उनका आदि, मध्य वे ही हैं। तत्पश्चात वे अलग-अलग क्षेत्रों की विशिष्ट विभूतियों में स्वयं को बताते हैं। वृक्षों में, पशुओं में, पक्षियों, नदियों, पर्वतों में शब्द और वर्ण में सर्वत्र वे ही हैं। कबीर ने इसी की अनुभूति को इन शब्दों में कहा-

लाली मेरे लाल की जित देखूँ तित लाल।
लाली देखन मैं गई तो मैं भी हो गई लाल।।

सर्वत्र यदि ईश्वरीय सत्ता की अनुभूति होगी तो भक्ति की निरंतरता बनी रहेगी इसीलिए भगवान अपनी विभूति सर्वत्र बता रहे हैं। उनकी विभूति का विस्तार कहाँ-कहाँ है, देखते हैं -

- **प्राकृतिक उपादानों को भगवान की विभूति** -

  ज्योति में किरणों वाला सूर्य, नक्षत्रों के अधिपति चन्द्रमा, उनचास वायुदेवताओं का तेज, आठ वसुओं में अग्नि, शिखर वाले पर्वतों में सुमेरु, जलाशयों में समुद्र, स्थिर रहने वाले पहाड़ों में हिमालय, वृक्षों में पीपल, नदियों में गंगा।

- **वेद, एवं शब्दों में** -

  वेदों में सामवेद, गायन करने योग्य श्रुतियों में वृहत्सांम, छंदों में गायत्री, शब्दों में एक अक्षर ओंकार, अक्षरों में अकार, समासों में द्वन्द्व समास।

- **देवों, ऋषियों और मुनियों में** -

  बारह आदित्यों में विष्णु, ऋषियों में भृगु, देवर्षियों में नारद, गंधर्वों में चित्ररथ, सिद्धों में कपिल मुनि, देवों में इन्द्र, एकादश रूद्रों में

शंकर, शस्त्रधारियों में राम, देवताओं के कोषाध्यक्ष कुबेर, सन्तान उत्पत्ति हेतु कामदेव, मुनियों में व्यास, शासन करने वालों में यमराज, जलचरों का अधिपति वरुण, देवता, कवियों में शुक्राचार्य कवि अर्थात सभी विद्याओं को जानने वाले, कृष्णवंशियों में वासुदेव।

- **मानवेतर प्राणियों में** -

  घोड़ों में उच्चैःश्रवा, हाथियों में ऐरावत, गौओं में कामधेनु, सर्पों का राजा वासुकि, मछलियों में मगर, पशुओं में सिंह, पक्षियों में गरुड़

- मनुष्यों में राजा, पाण्डवों में अर्जुन
- स्त्रियों में

  कीर्ति, श्री, वाक, स्मृति, मेधा, धृति और क्षमा।

- महीनों में मार्गशीर्ष (अगहन), ऋतुओं में बसंत।
- शस्त्रों में वज्र।
- अरूप भाव

  इन्द्रियों में मन, प्राणियों में चेतना अर्थात् जीवनी शक्ति, दमन करने की शक्ति, जीतने की नीति, गुप्त रखने योग्य मौन, ज्ञानवानों का तत्व ज्ञान, छल करने वालों में जुआ, जीतने वालों का विजय भाव, निश्चय, सात्विक भाव।

- सर्वभक्षी मृत्यु।

इस के पश्चात भी भगवान कहते हैं कि कोई भी चर-अचर प्राणी मुझसे रहित नहीं है। वे अर्जुन को निष्कर्ष रूप में यह कहते हैं कि -

यद्यद्विभूतिमत्सत्त्वं श्रीमदूर्जितमेव वा।
तत्तदेवावगच्छ त्वं मम तेजोंऽशसंभवम्।। 10/41 ।।

जो भी विभूतियुक्त अर्थात् ऐश्वर्ययुक्त, कांतियुक्त और शक्तियुक्त वस्तु है उस-उसको तू मेरे तेज के अंश की अभिव्यक्ति जान।

सर्वत्र चर-अचर की गणना के पश्चात भी भगवान की विभूति सम्पन्न नहीं होती, पूर्ण नहीं हो, समाप्त नहीं होती फिर भी शेष रह जाती है।

ये सब तो सामान्य बुद्धि मनुष्य के समझने के माध्यम मात्र है। इस सबसे इतना निश्चित है कि ईश्वरीय सत्ता से रहित कुछ भी नहीं अतः हमें बिना भेद- भाव के सर्वत्र उस ईश्वर के दर्शन करना चाहिए।

सूत्र -

1. ईश्वर की विभूति अनंत है। हरि अनंत हरी कथा अनंता।
2. ईश्वरीय सत्ता सर्वत्र है। समस्त चर-अचर में, गोचर-अगोचर में, प्रत्यक्ष-अप्रत्यक्ष में वही विद्यमान है।
3. ईश्वर प्रतिमा और मंदिर के अतिरिक्त भी है।
4. यदि ईश्वर को वृक्ष में, सरिता में, सागर में, पर्वत में देखेंगे तो हम उसे गंदा नहीं करेंगे।
5. यदि सर्वत्र ईश्वर की अनुभूति करेंगे तो कहीं भी पाप कर्म और अनाचार करने से बचेंगे।

श्रीकृष्णार्पणमस्तु

एकादश अध्याय

विश्वरूपदर्शनयोग

दशम अध्याय में भगवान ने बताया कि उनकी विभूति अर्थात् ऐश्वर्य समस्त ब्रह्माण्ड में व्याप्त है, यही नहीं भगवान तो यहाँ तक कहते हैं कि 'विष्टाभ्याहमिदं कृत्स्नमेकांशेन स्थितो जगत्' मैं तो अपने एक अंश मात्र से संपूर्ण ब्रह्माण्ड में व्याप्त होकर इसको धारण करता हूँ। यह सुनकर अर्जुन की भगवान के प्रति उत्सुकता और अधिक बढ़ जाती है। 'विश्वरूपदर्शनयोग' अर्जुन की इसी उत्सुकता का परिणाम है। विभूति योग में भगवान ने स्वयं अपनी विभूतियाँ अर्जुन को दिखाई और यहाँ अर्जुन प्रभु से अपने विराट रूप के दर्शन का आग्रह कर रहे हैं। दोनों स्थितियाँ भिन्न है। विभूतियोग में अर्जुन को भगवान स्वयं अपनी विभूतियाँ दिखाते हैं और विश्वरूप दर्शन योग में अर्जुन भगवान से आग्रह करते हैं।

अर्जुन विषाद से मुक्त हो गये हैं इसीलिए वह भगवान से कहते हैं -

मदनुग्रहाय परमं गुह्यमध्यात्मसंज्ञितम्।
यत्त्वयोक्तं वचस्तेन मोहोऽयं विगतो मम।। 11/1 ।।

अर्जुन कहते हैं कि हे प्रभु! आपने कृपा करके जो रहस्यमय अध्यात्म कहा है उससे मेरा मोह (अज्ञान) दूर हो गया है।

मोहाविष्ट अर्जुन, भ्रमित अर्जुन, गाण्डीव को रख देने वाला अर्जुन 'सीदंती मम गात्राणि' वाला अर्जुन, अब स्वीकार रहा है कि वह मोह से मुक्त गया है। 'शिष्यस्तेऽहं शाधि मां त्वां प्रपन्नम्' के फलस्वरूप प्रभु ने

अर्जुन के मोह को दूर कर दिया और अर्जुन भगवान की विलक्षणता के प्रति और अधिक समर्पित होते जा रहे हैं। उनकी आस्था और भक्ति और अधिक बढ़ती जा रही है। इसलिए अर्जुन अब प्रथम अध्याय वाले वाचाल, हताश, और विषाद युक्त अर्जुन नहीं रह गये हैं। वे अपनी लघुता और प्रभु की विराटता जान चुके हैं। प्रभु की विभूति जान लेने के बाद भी उन्हें यह अनुभूत हो रहा है कि प्रभु का ऐश्वर्य और उनकी विभूतियाँ अभी और जानना शेष है। इसीलिए वे इस अध्याय में भगवान से आग्रह कर रहे हैं कि-

मन्यसे यदि तच्छक्यं मया द्रष्टुमिति प्रभो।
योगेश्वर ततो मे त्वं दर्शयात्मानमव्ययम्।। 11/4 ।।

हे प्रभु! हे योगेश्वर! यदि आप उचित समझते हैं कि मैं आपके उस अविनाशी स्वरूप को देखने में समर्थ हूँ तो कृपा करके मुझे अपना असीम विश्वरूप दिखलाइये।

भगवान अर्जुन के आग्रह पर अर्जुन को अपना दिव्य रूप दिखाने के लिए अर्जुन को दिव्य चक्षु देते हैं क्योंकि सामान्य सांसारिक आँखो से उनके विराट रूप को देखना संभव नहीं है। अब भगवान् के इस विराट रूप को अर्जुन और संजय देख रहे हैं! और संजय के माध्यम से धृतराष्ट्र उस रूप का श्रवण कर रहे हैं।

भगवान के विराट रूप का दर्शन दसवें श्लोक से 34वें श्लोक तक हुआ है। इन पन्द्रह श्लोकों में भगवान ने अपना जो रूप दिखाया है वह कभी आश्चर्य पैदा करता है, कभी भय और कभी जुगुप्सा भी। यहाँ अद्‌भुत, भयानक और वीभत्स रस की अनुभूति होती है।

भगवान के असंख्य मुख, असंख्य नेत्र, अनेक आभूषण और साथ में अनेक हथियार दिखाई दे रहे हैं। अर्जुन भगवान के इस रूप के समक्ष नतमस्तक हो प्रभु से कहते हैं कि मैं आपके शरीर में देवता और जीवों को देख रहा हूँ और आप में ही मुझे ब्रह्मा, शिव एवं समस्त ऋषि दिखाई दे रहे हैं।

अर्जुन को भगवान के अनेक हाथ, पैर, मुँह, आँख दिखाई देते हैं और उनका कोई आदि, मध्य और अंत भी दिखाई नहीं देता है। भगवान अनेक मुकुटों, गदाओं और चक्रों से विभूषित दिखाई देते हैं। अर्जुन कहते हैं कि यद्यपि आप एक हैं किन्तु आप सर्वत्र व्याप्त हैं और आपके इस अद्‌भुत और भयानक रूप को देखकर सारे लोग भयभीत हैं।

अर्जुन भगवान से कहते हैं कि आपके इस रूप को देखकर लोग ही नहीं वे स्वयं भी भयभीत हैं-

रूपं महत्ते बहुवक्त्रनेत्रं
महाबाहो बहुबाहूरुपादम्।
बहूदरं बहुदंष्ट्राकरालं
दृष्ट्वा लोकाः प्रव्यथितास्तथाहम्।। 11/23 ।।

हे महाबाहो! आपके इस अनेक मुख, नेत्र, बाहु, जंघा, पाँव, पेट तथा भयानक दाँतो वाले विराट रूप को देखकर देवतागण सहित सभी लोग अत्यंत विचलित हैं और इन्हीं की तरह मैं भी हूँ।

आगे अर्जुन भगवान के मुख में धृतराष्ट्र और उनके समस्त पुत्रों सहित भीष्म, द्रोण, कर्ण दोनों सेनाओं के प्रमुख योद्धाओं को प्रविष्ट होते देखते हैं। तब अर्जुन भगवान से पूछते हैं कि आप कौन हैं और इस सब का प्रयोजन क्या है? भगवान अर्जुन को बताते हैं कि मैं समस्त जगतों को विनष्ट करने वाला हूँ, यहाँ सबका विनाश करने आया हूँ? तुम्हारे विना भी इस युद्ध में समस्त योद्धा मारे जाएंगे। इसलिए **'तस्मात्त्वमुत्तिष्ठ यशो लभस्व'** उठो और लड़ने के लिए तैयार हो जाओ और यश अर्जित करो। ये सब तो मेरे द्वारा मारे जा चुके हैं तुम केवल निमित मात्र हो।

अर्जुन का पश्चाताप और क्षमा याचना -

प्रभु के इस विराट रूप को देखकर अर्जुन प्रभु के प्रति पूर्णतया समर्पित हो जाते हैं उन्हें अपनी लघुता का एहसास होता है और वे प्रभु को बारम्बार नमस्कार करते हैं। इस नमस्कार में अर्जुन का एक विचित्र भाव है वह भगवान के विश्वरूप को देखकर अभिभूत हैं और अपनी अज्ञानता के

कारण या भगवान की दिव्यता को न जानने के कारण कहीं उन्हें ग्लानि भी हो रही है तो कहीं पश्चाताप हो रहा है। जिसे वे अपना मित्र समझ रहे थे, जिसे सेनाओं के बीच रथ खड़ा करने के लिए कहा था वह साधारण नहीं दिव्य और भव्य है यही सोच-सोच कर वे नमस्कार करते हुए स्वीकारते हैं कि 'आप वायु, यमराज, अग्नि, वरुण, चन्द्रमा, प्रजा के स्वामी ब्रह्मा और ब्रह्मा के भी पिता हैं आपको बार-बार नमस्कार' इस पर भी अर्जुन को जब संतोष नहीं होता तो वे कहते हैं आगे से, पीछे से सब ओर से नमस्कार। और सबसे अधिक तो अर्जुन को इस बात का पश्चाताप होता है कि अनजाने में उन्होंने भगवान के साथ कितने अपराध किए हैं, न जानते हुए, आप मेरे सखा हैं ऐसा मानकर प्रेम से अथवा प्रमाद से भी मैंने 'हे कृष्ण!, हे यादव!, हे सखे! इस प्रकार जो कुछ भी बिना सोचे समझे हठात् कहा है, और हे अच्युत! आप जो मेरे द्वारा विनोद के लिये विहार, शय्या, आसन और भोजनादि अकेले अथवा उन सखाओं के सामने भी अपमानित किये गये हैं- उन सब अपराधों की मैं आपसे क्षमा करवाता हूँ।

वे यह भी स्वीकारते हैं कि -

तस्मात्प्रणम्य प्रणिधाय कायं
प्रसादये त्वामहमीशमीड्यम्।
पितेव पुत्रस्थ सखेव सख्युः
प्रियः प्रियायार्हसि देव सोढुम।। 11/44 ।।

हे प्रभु! मैं आपके चरणों में अपनी यह काया समर्पित कर प्रणाम करके स्तुति करने योग्य आपकी प्रसन्नता के लिए प्रार्थना करता हूँ। हे देव! पिता जैसे पुत्र के, मित्र जैसे मित्र के और पति जैसे प्रिय पत्नी के अपराध सहने योग्य हैं वैसे ही आप मेरे अपराध सहने योग्य हैं। अर्थात् आप मेरे प्रति दयालु एवं सहृदय बने रहें। यह है भक्ति में विश्वास की महिमा। भक्त भगवान से समस्त रिश्तों की अपेक्षा रखते हुए अपने कल्याण के लिए आश्वस्त भी रहता है।

यहाँ अर्जुन के समर्पण में भक्ति के तीन रूप दिखाई देते हैं - (1) पिता और पुत्र के रूप में वात्सल्य भक्ति, (2) मित्र और मित्र के

रूप में - सख्य भक्ति, (3) पति और पत्नी रूप में - मधुरा भक्ति। विनय-पत्रिका में तुलसीदास भी राम से कुछ ऐसा ही आग्रह करते हैं-

तोहि मोहि नाते अनेक, मानिये जो भावै।
ज्यों-त्यों तुलसी कृपालु! चरन-सरन पावै।।

हे प्रभु आपके और मेरे बीच अनेक नाते हैं आपके मन जो भाए वही मानकर मुझे अपने चरणों की शरण में रख लीजिए।

अर्जुन भगवान से उनके विराट रूप के दर्शन का आग्रह तो कर बैठे परन्तु उन्हें भगवान का मुकुटधारी चतुर्भुज रूप जिसमें उनके हाथों में शंख, चक्र, गदा और पद्म है वही देखना चाहते हैं। अर्जुन भगवान से अपने इसी रूप को दिखाने का आग्रह करते हैं। तब भगवान् अर्जुन, को अपना यह रूप दिखाने से पूर्व कहते हैं कि मेरे विराट रूप को कोई नहीं देख सकता। यह रूप न तो वेदाध्ययन के द्वारा, न यज्ञ, दान, पुण्य या कठिन तपस्या के द्वारा ही देखा जा सकता है। तत्पश्चात अपना चतुर्भुज रूप का दर्शन अर्जुन को करवा कर सौम्य अर्थात मानव रूप में आ जाते हैं जिसे देखकर अर्जुन का चित्त प्रसन्न हो जाता है।

अध्याय के अंतिम श्लोक में भगवान कहते हैं -

मत्कर्मकृन्मत्परमो मद्भक्तः सङ्गवर्जितः।
निर्वैरः सर्वभूतेषु यः स मामेति पाण्डव।। 11/55 ।।

हे अर्जुन! जो पुरुष केवल मेरे ही लिये संपूर्ण कर्तव्यों कर्मों को करने वाला है, मेरे परायण है, मेरा भक्त है, आसक्ति रहित है और संपूर्ण भूतप्राणियों में बैर भाव रहित है - वह अनन्य भक्ति युक्त पुरुष मुझको ही प्राप्त होता है।

सूत्र-

1. पूर्ण समर्पण से ही ज्ञान प्राप्त किया जा सकता है। जैसा कि अर्जुन का श्रीकृष्ण के प्रति है।
2. धैर्य और निरन्तर भक्ति से ही मोह से मुक्त हुआ जा सकता है।

3. विश्व रूप दर्शन के माध्यम से ईश्वर के सुन्दर, असुन्दर, भयानक, विचित्र और आश्चर्यजनक रूप का विवेचन कर मानवीय भावों के वैविध्य को स्पष्ट कर ईश्वरीय विस्तार को भी स्पष्ट किया है।
4. मनुष्य निमित्त मात्र है। सब कुछ पूर्व निर्धारित है इस लिए कर्ता भाव त्याग कर अपना नियत कर्म पूर्ण निष्ठा से करना ही कर्तव्य है।
5. भक्ति के वात्सल्य, सख्य और मधुरा भाव का विवेचन।

श्रीकृष्णार्पणमस्तु

द्वादश अध्यायः

भक्तियोग

भक्तियोग श्रीमद्भगवद्गीता का बारहवां अध्याय है। एकादश सोपान के पश्चात् द्वादश सोपान। विषाद से भक्ति तक की यात्रा। विषाद .... भय, आशंका, निराशा, हताशा, मोह, अवसाद और कर्ता भाव के कारण होता है और भक्ति.........प्रेम, श्रद्धा, समर्पण, पूर्ण विश्वास और अकर्ता भाव का नाम है। ग्यारहवें अध्याय में अर्जुन मोह रहित हो चुके हैं। उनका मन निःशंक हो गया है अब उनके हृदय में प्रभु के दिव्य, विश्वरूप, चतुर्भुज रूप, मानव रूप की छवि अंकित हो गई है। अब वे दुविधा ग्रस्त नहीं रहे गये हैं।

बारहवें अध्याय का आरंभ ग्यारहवें अध्याय के अंतिम श्लोक का ही विस्तार है। ग्यारहवें अध्याय का अंतिम श्लोक है-

मत्कर्मकृन्मत्परमो मद्भक्तः सङ्गवर्जितः।
निर्वैरः सर्वभूतेषु यः स मामेति पाण्डव।। 11/55 ।।

हे अर्जुन! जो व्यक्ति केवल मेरे लिये ही संपूर्ण कर्तव्य, कर्मों को करता है, मेरे परायण है, मेरा भक्त है, आसक्ति रहित है और संपूर्ण जीवों से बैरभाव से रहित है वह अनन्य भक्ति युक्त पुरुष मुझको प्राप्त होता है।

यह सुनकर ही अर्जुन प्रश्न करता है -

एवं सतत युक्ता ये भक्तास्त्वां पर्युपासते।
ये चाप्यक्षरमव्यक्तं तेषां के योगवित्तमाः ।। 12/1 ।।

कई भक्त पूर्वोक्त अनुसार निरन्तर आपकी उपासना में आपके सगुण रूप की परमेश्वर रूप में उपासना करते हैं और कई भक्त आविनाशी, निराकार ब्रह्म को सर्वश्रेष्ठ भाव से भजते हैं – इन दोनों में कौन अति उत्तम योग वेत्ता है।

भगवान इस प्रश्न का उत्तर देते हुए कहते हैं कि उन्हें दोनों ही भक्त प्रिय हैं फिर भी उन्हें सगुणोपासक अति प्रिय है। भगवान सर्वप्रथम यह कहते हैं कि सगुण रूप में पूजने वाले वाले भक्त अति उत्तम योगी है। साथ ही भगवान यह भी स्पष्ट करते हैं कि केवल सगुण रूप में उपासना ही नहीं भक्त को एकाग्र मन से निरन्तर मेरा ध्यान लगने वाला और श्रद्धा युक्त होना भी आवश्यक है। भगवान भक्ति में निरंतरता 'नित्ययुक्ता उपासते' को अति आवश्यक मानते हैं।

सगुण भक्त उपासकों के पश्चात भगवान ने निराकार परमेश्वर के उपासकों का विवेचन किया है। भगवान कहते हैं जो भक्त मेरे अक्षर, अनिर्दिष्ट, अव्यक्त, अचिंत्य, कूटस्थ, अचल एवं ध्रुव रूप की संपूर्ण इंद्रियों को वश में करके समबुद्धि के साथ सबके हित के लिए मुझे भजते हैं वे भी मुझे ही प्राप्त होते हैं। निराकार रूप के साथ भगवान भिन्न-भिन्न विशेषण लगाए हैं –

- अक्षरम् – जिसका क्षरण न हो।
- अनिर्देश्यम् – जिसका किसी भी प्रकार परिचय न दिया जा सके।
- अव्यक्तम् – जो इन्द्रियों से जानने योग्य न हो।
- सर्वत्रम् – सर्वव्यापी
- अचिन्त्य – जो मन-बुद्धि का विषय न हो।
- कूटस्थ – अपरिवर्तनीय, सदा एक सा रहने वाला।
- अचलं – जो चलन क्रिया से सर्वथा रहित हो।
- ध्रुवं – जो नित्य और निश्चित हो।

उपर्युक्त आठ विशेषणों से निराकार परमेश्वर को इंगित किया गया है। इसी प्रकार निराकार परमात्मा के उपासक के गुण भी बताए हैं –

- भक्त या उपासक को अपनी समस्त इंद्रियों को वश में करना होगा
- समबुद्धय: - समदर्शी होना होगा
- सर्वभूतहिते रत: - समस्त प्राणी जगत की कल्याण कामना
- इस प्रकार भक्त या उपासक को निराकार परमात्मा की उपासना अपनी समस्त इंद्रियों को वश में करके भगवान में ध्यान केन्द्रित कर, सर्वत्र समबुद्धि के साथ समस्त प्राणियों की कल्याण कामना से करना चाहिए।

सगुण उपासना से निर्गुण उपासना कठिन है। भगवान कहते हैं -

क्लेशोऽधिकतरस्तेषामव्यक्तासक्तचेतसाम्।
अव्यक्ता हि गतिर्दु:खं देहवद्‌भिरवाप्यते।। 12/5 ।।

अव्यक्त के प्रति आसक्ति कठिन है क्योंकि देहधारियों के लिए अव्यक्त को समझना और उपासना करना अत्यंत दुष्कर है।

इस प्रकार भगवान साकार और निराकार दोनों भक्ति को उचित मानते हैं फिर भी वे सगुण उपासना को अधिक श्रेष्ठ मानते हैं। भगवान यह भी स्पष्ट करते हैं कि निराकार की उपासना कठिन है क्योंकि देहधारी के लिए अव्यक्त को समझना कठिन है।

आगे भगवान कहते हैं कि जो भक्त संपूर्ण कर्म मुझे अर्पित कर अनन्य भाव से मेरा ध्यान करता है उन्हें मैं इस संसार सागर से शीघ्र ही मुक्त कर देता हूँ।

उपासना कैसे की जाए -

आगे भगवान अर्जुन को यह बताते हैं कि भक्ति में मन कैसे लगाया जाए क्योंकि मन चंचल है और उसे भक्ति में कैसे स्थिर किया जाए। आठवें श्लोक से बारहवें श्लोक तक भगवान ने इसी की व्याख्या की है।

- भगवान कहते हैं कि तू मुझ में मन और बुद्धि लगा - मन और मस्तिष्क दोनों भगवान में स्थिर करना।

- यदि मन और बुद्धि को स्थिर नहीं कर सकते तो भगवान में ध्यान का अभ्यास करो। यदि अभ्यास भी नहीं कर सकते तो समस्त कर्म भगवान को अर्पित कर दो।
- यदि समस्त कर्म भगवान को अर्पित नहीं कर सकते तो समस्त कर्मों के फल का त्याग कर दो।

भगवान अर्जुन के सामने उपासना के कई विकल्प रखते हुए कहते हैं -

श्रेयो हि ज्ञानमभ्यासाज्ज्ञानाध्यानं विशिष्यते।
ध्यानात्कर्मफलत्यागस्त्यागाच्छान्तिरनन्तरम्।। 12/12 ।।

अभ्यास से ज्ञान श्रेष्ठ है, ज्ञान से मुझ परमेश्वर का ध्यान श्रेष्ठ है और ध्यान से भी श्रेष्ठ है सब कर्मों के फलों का त्याग क्योंकि त्याग से शीघ्र ही शांति मिल जाती है।

- **भक्त के लक्षण** - भक्ति में मन कैसे लगाया जाए के पश्चात् भगवान ने तेरहवें श्लोक से उन्नीसवें श्लोक तक भक्त के लक्षण बताते हुए कहा है कि इन लक्षणों से युक्त भक्त मुझे अत्यंत प्रिय है।
- **श्रेष्ठ भक्त के लक्षण** -
  - द्वेष रहित (अद्वेष्टा)
  - सबके प्रति मैत्री भाव (सर्वभूतानां मैत्र)
  - करुणा युक्त (करुण)
  - विरागी (निर्मम)
  - निरंहकारी (निरहंकार:)
  - सुख और दुख में समान (समदु:ख सुख:)
  - क्षमाशील (क्षमी)
  - सतत संतुष्ट (संतुष्ट: सततं)
  - आत्मसंयमी, अपनी इन्द्रियों पर नियंत्रण रखना (यत-आत्मा)

- दृढ़ निश्चयी (दृढ़निश्चयः)
- प्रभु में मन और बुद्धि अर्पित करने वाला (मय्यर्पितमनो बुद्धिर)
- जिससे किसी को उद्वेग दुःख न हो
- और जिसे किसी के कारण उद्वेग न हो
- हर्ष, अमर्ष (दुःख) भय और उद्वेग से रहित (हर्षामर्षभयोद्वेगैर्मुक्तो)
- आकांक्षा रहित (अनपेक्ष)
- अन्दर और बाहर से पवित्र (शुचि)
- चतुर ज्ञानी (दक्ष)
- पक्षपात रहित (उदासीन)
- समस्त दुःखों से मुक्त (गतव्यथा)
- सब आरंभ का त्यागी अर्थात् समस्त संसार के प्रति विरक्त (सर्वारंभपरित्यागी)

भगवान अर्जुन को भक्त के एक-एक लक्षण से अवगत कराते हुए सभी प्रकार के असमंजस से दूर रखते हुए कहते हैं कि श्रेष्ठ भक्त वह है जो न हर्षित होता हो और न ही द्वेष रखता हो, जो न शोक करता हो और न ही कोई आकांक्षा रखता हो, जो शुभ और अशुभ समस्त कर्मों का परित्याग करे, (अर्थात् कर्मों से आसक्ति का त्याग) जो शत्रु और मित्र में, मान और अपमान में, शीत और ग्रीष्म में, सुख और दुःख में अनासक्त रहे, जो निन्दा और स्तुति में संतुष्ट हो, जिसे किसी भी स्थान विशेष से आसक्ति न हो। ऐसे भक्त भगवान को अत्यधिक प्रिय हैं।

इन लक्षणों के साथ भगवान समग्र रूप से अध्याय के अंतिम श्लोक में कहते हैं -

> ये तु धर्म्यामृतमिदं यथोक्तं पर्युपासते।
> श्रद्दधाना मत्परमा भक्तास्तेऽतीव मे प्रियाः।। 12/20 ।।

मेरे प्रति पूर्ण निष्ठा और श्रद्धा से युक्त जो भक्त इस अमृत से युक्त (उपर्युक्त लक्षणों से युक्त) धर्म का पालन करता है वह मुझे अत्यंत प्रिय है।

श्रीमद्भगवद्गीता का यह अध्याय अत्यंत महत्वपूर्ण है। भगवान की भक्ति करना और भक्त होना सहज नहीं है। कबीर ने जो प्रेम के लिए कहा है वस्तुत: यह भक्ति के लिए ही कहा है –

कबीर यह घर प्रेम का खाला का घर नांहि।
सीस उतारे भुई धरै, सो पैंठे घर माँहि।।

शीश उतार कर रखना होता है भगवत प्रेम और भक्ति में। सीस उतारने में यही भाव है जो भगवान ने भक्त के लक्षणों के रूप में कहे हैं। इन लक्षणों को जीवन में उतारने का प्रयत्न किया जाना चाहिए इनमें से कुछ लक्षण तो भक्त उतार ही पाएगा। इन लक्षणों से युक्त एक उत्कृष्ट मनुष्य ही एक उत्कृष्ट भक्त हो सकता है या एक उत्कृष्ट भक्त ही एक उत्कृष्ट मनुष्य हो सकता है।

सूत्र –

1. साकार और निराकार परमेश्वर विवेचन किया गया है।
2. सगुण रूप उपासक भक्त, भगवान को निर्गुण रूप उपासकों की तुलना में अधिक प्रिय है।
3. भगवान ने भक्ति की ओर अग्रसर होने और भक्ति करने के विभिन्न विकल्प सुझाए हैं।
4. श्रेष्ठ और भगवान को प्रिय भक्तों के लक्षण बताए हैं।

श्रीकृष्णार्पणमस्तु

त्रयोदश अध्यायः

क्षेत्रक्षेत्रज्ञविभागयोग

श्रीमद्भगवद्गीता का प्रथम सोपान है – प्रथम अध्याय 'अर्जुनविषाद योग' से छटवें अध्याय 'आत्मसंयम योग' पर पूर्ण होता है। आत्म संयम से ध्यान करने से ही विषाद से मुक्त हुआ जा सकता है। द्वितीय सोपान सातवें अध्याय 'ज्ञानविज्ञान योग' से बारहवें अध्याय 'भक्तियोग' पर पूर्ण होता है। भगवान के स्वरूप का ज्ञान होने पर भक्त में समर्पण, निष्ठा, निरन्तरता और अनन्यता आती है। अब तृतीय चरण का आरंभ होता है तेरहवें अध्याय 'क्षेत्रक्षेत्रज्ञविभागयोग' से।

भगवान ने अर्जुन की मनोदशा को समझते हुए धीरे-धीरे अर्जुन को ज्ञान दिया। अर्जुन की मनोदशा अब दृढ़ हो रही है। वह अब मन और बुद्धि से और अधिक जानने योग्य हो गया है। इसलिये अब भगवान क्षेत्र और क्षेत्रज्ञ जैसा गूढ़ ज्ञान अर्जुन के सम्मुख कह रहे हैं। द्वितीय अध्याय में भगवान ने शरीर को नाशवान और आत्मा को अजर-अमर कहा। शरीर का नाश होने पर भी आत्मा का नाश नहीं होता है। यहाँ उसी का विस्तार है। अब अर्जुन ज्ञान की उस दशा में पहुँच गया है कि शरीर और शरीरी के गूढ़ रहस्य को समझ सके।

अध्याय का नाम है 'क्षेत्रक्षेत्रज्ञविभागयोग'। अर्जुन के प्रश्न धीरे-धीरे कम होते जा रहे हैं। बारहवें अध्याय के आरंभ में अर्जुन ने निर्गुण और सगुण भक्ति की श्रेष्ठता का प्रश्न किया था। भगवान ने शेष 19 श्लोकों में भक्ति और भक्त पर विस्तार पूर्वक उत्तर दिया। अब उसी के आगे क्षेत्र

क्षेत्रज्ञ को स्पष्ट कर रहे हैं। भगवान यहाँ क्रमबद्ध तरीके से क्षेत्र-क्षेत्रज्ञ, ज्ञान-अज्ञान, ज्ञेय, पुरुष-प्रकृति, ईश्वरीय स्वरूप आदि का विवेचन कर रहे हैं।

सर्वप्रथम भगवान कहते है -

इदं शरीरं कौन्तेय क्षेत्रमित्यभिधीयते।
एतद्यो वेत्ति तं प्राहुः क्षेत्रज्ञ इतितद्विदः।। 13/1 ।।

अर्जुन यह शरीर 'क्षेत्र' और इस शरीर को जानने वाला 'क्षेत्रज्ञ' कहलाता है। भगवान आगे कहते हैं कि 'समस्त क्षेत्रों अर्थात् शरीरों का क्षेत्रज्ञ अर्थात् जीवात्मा भगवान ही हैं और इन दोनों क्षेत्र-क्षेत्रज्ञ के वास्तविक भेद को जानना ही ज्ञान है।

दोनों में भेद

क्षेत्र	क्षेत्रज्ञ (जीवात्मा भगवान)
शरीर	शरीरी-शरीर को जानने वाला
जड़	चेतन
विकारी	अविकारी
विनाशी	अविनाशी, नित्य
अपरा प्रकृति	परा गुणातीत प्रकृति

आगे भगवान क्षेत्र और क्षेत्रज्ञ के तात्विक भेद को प्रामाणिकता के साथ स्पष्ट कर रहे हैं। इसके लिए वे ऋषियों, वेदमंत्रों और ब्रह्म सूत्र के पदों का प्रमाण भी देते हैं।

क्षेत्र क्या है?

पांचवें एवं छटवें श्लोक में भगवान ने क्षेत्र को स्पष्ट किया है -

- क्षेत्र में पंचमहाभूत -	पृथ्वी, जल अग्नि, वायु और आकाश
- अन्तःकरण की प्रवृत्ति -	अहंकार, बुद्धि, अव्यक्त प्रवृत्ति
- दस इन्द्रियाँ -	वाक्, पाणि (हाथ), पाद, उपस्थ और गुदा (पांच कर्मेन्द्रियाँ)

	श्रोत्र, त्वचा, चक्षु, रसना और प्राण (पाँच ज्ञानेन्द्रियाँ)
– एक मन –	अन्तःकरण की मनन करने वाली शक्ति यह भी अहंकार का कार्य है।
– पाँच इंद्रियों के विषय –	शब्द, स्पर्श, रूप, रस, गंध
– इन्द्रियों के विषय –	इच्छा, द्वेष, सुख, दुःख, स्थूल, स्थूल शरीर, चेतना (जिसके द्वारा सुख-दुख समस्त पदार्थों का अनुभव करते हैं) घृति (धारण शक्ति)

ये समस्त विकारों से युक्त क्षेत्र है। क्षेत्र जो बदलता है, विकारी है, मिथ्या है अथवा शरीर है। क्षेत्रज्ञ अविकारी है। क्षेत्र में परिवर्तन होते हैं क्षेत्रज्ञ में कोई परिवर्तन नहीं होता।

ज्ञान क्या है?

अध्याय के सातवें श्लोक से ग्यारहवें श्लोक तक भगवान ने ज्ञान के लक्षण बताए हैं –

- अमानित्वम् – श्रेष्ठता के अभिमान का अभाव
- दंभ – का अभाव
- अहिंसा – मन, वाणी एवं शरीर से किसी को भी कष्ट न देना।
- क्षति – क्षमा भाव
- आर्जवम – मन और वाणी की सरलता
- अशौच – पवित्रता
- स्थैर्य – अविचलित होना, दृढ़ता
- आत्मविनिग्रहः – मन और इन्द्रियों सहित शरीर का संयम साधना
- इन्द्रियार्थेषुवैराग्यम् – इन्द्रियों के विषय शब्द, स्पर्श रूप, रस, गंध के प्रति वैराग्य

- अनहंकार - समस्त इन्द्रियों एवं मन में अनहंकार का भाव या अहंकार का अभाव
- जन्म-मृत्यु, जरा और रोग में दुख-दोषों का बार-बार विचार करना एवं इनके प्रति विरक्त होना
- पुत्र, स्त्री, घर और धन आदि में आसक्ति का अभाव
- अनभिष्वंग (बिना संगति के) - आसक्ति का अभाव
- इष्ट और अनिष्ट में समभाव, समचित
- अनन्य योग द्वारा अव्यभिचारिणी भक्ति - एक निष्ठ भक्ति एवं ऐसी भक्ति जिसमें शुद्धता हो, प्रेम, श्रद्धा, निष्ठा और समर्पण हो।
- विविक्तदेशसंवित्वम् - एकांत और शुद्ध देश में रहते हुए भक्ति हो।
- जनसंसदि से दूरी - जनसंसदि अर्थात् प्रमादी और विषयासिक्त सांसारिक मनुष्यों के समुदाय से दूरी
- अध्यात्म ज्ञान में नित्य स्थित रहना -

अध्यात्म ज्ञान अर्थात आत्मा नित्य, निर्विकार और अविनाशी है तथा उससे भिन्न जो जड़, विकारी और नाशवान वस्तुएँ प्रतीत होती हैं वे सब अनात्मा है का ज्ञान। अध्यात्म का अर्थ है मन का अभ्यास करना।

- तत्वज्ञानार्थ दर्शनम् - गुणातीत परमात्मा का सर्वत्र समभाव से निरन्तर ध्यान और उसी का दर्शन तत्व ज्ञान दर्शन है। इस प्रकार भगवान लक्षण बताते हुए कहते हैं -

अध्यात्मज्ञानानित्यत्वं तत्वज्ञानार्थदर्शनम्।
एतज्ज्ञानमिति प्रोक्तमज्ञानं यदतोऽन्यथा।। 13/11 ।।

अध्यात्म में नित्य स्थिति और तत्वज्ञान के अर्थ रूप परमात्मा को ही देखना - यह सब ज्ञान है और जो इसके विपरीत है, वह अज्ञान है। इन तत्वों का ज्ञान होने पर क्षेत्र 'क्षेत्रज्ञ' के प्रति उत्सुक हो जाएगा और स्वयं पर संयम रखते हुए आगे बढ़ेगा। आगे बढ़ेगा परमतत्व की ओर, परब्रह्म की ओर परन्तु ब्रह्म कैसा है? वही जानना है वही ज्ञेय है। इसीलिए भगवान उसे 'जानने योग्य' अथवा 'ज्ञेय' कहते हुए उसके स्वरूप का वर्णन करते हैं।

ज्ञेय क्या है? परब्रहम् कैसा है? भगवान परब्रहम् के लक्षण बता रहे हैं

अनादिमत्परं ब्रह्म न सत्तन्नासदुच्यते!

- वह परब्रहम अनादि है। वह न तो सत् कहा जा सकता है और न असत्। यद्यपि भगवान ने 9वें अध्याय के 19वें श्लोक में स्वयं को सत् और असत् दोनों कहा है क्योंकि उनका होना और न होना दोनों ही भगवान् के स्वरूप को स्पष्ट करते है। यहाँ वे कह रहे हैं कि वे न सत् हैं और न असत्। सत् के लिए प्रमाण चाहिए और असत् के लिए अस्तित्वहीन होना और दोनों को ही सिद्ध नहीं किया जा सकता। इसलिए भगवान को न तो सत् कहा जा सकता है और न ही असत्।
- वह परब्रह्म सब ओर हाथ पैर वाला, सब ओर नेत्र वाला, सब ओर मुख वाला तथा सब ओर कान वाला है अर्थात् सब ओर व्याप्त है।
- वह समस्त इंद्रियों के विषय को जानने वाले हैं परन्तु स्वयं इंद्रियों से परे हैं।
- असक्तं सर्वभृच्चौव – आसक्ति रहित होने पर भी वह 'सर्वभृत' अर्थात् सबका पालन–पोषण करने वाला है।
- निर्गुणं गुण भोक्तं – निर्गुण होकर भी वह गुणों का स्वामी है, गुणों का भोक्ता है। वह गुणों का स्वामी है परन्तु उनसे लिप्त नहीं है।
- समस्त चर और अचर प्राणियों के भीतर और बाहर वे ही हैं और चर–अचर प्राणी भी वे ही हैं।
- अविज्ञेय – सर्वत्र व्याप्त होकर भी सूक्ष्म होने के कारण अविज्ञेय हैं।
- वे अत्यंत निकट भी हैं और दूर भी हैं।
- वे अविभक्त होकर भी समस्त प्राणियों में विभक्त रूप में स्थित प्रतीत होते हैं। जैसे आकाश अविभक्त है परन्तु समस्त घड़ों के जल में वह विभक्त दिखलाई देता है। ऐसे ही परब्रह्म परमात्मा आकाश की तरह एक ओर अविभक्त है परन्तु समस्त प्रणिजगत् को वही विभक्त रूप में प्रतीत होता है। अद्वैतवादी चिन्तन के अनुसार ब्रह्म

और जीव भिन्न दिखाई देते हैं परन्तु वे एक ही हैं। माया के कारण जीव परमात्मा से भिन्न भासित होता है। कबीरदास जी के दोहे से इसे समझा सकता है –

जल मे कुंभ कुंभ में जल, बाहर भीतर पानी।
फूटा कुंभ जल जलहिं समाना, इहि तथ कह्यो ज्ञानी।।

वह जानने योग्य परमात्मा–

- भूतभर्तृ – समस्त प्राणियों का धारण पोषण करने वाला (विष्णु) है।
- ग्रसिष्णु – समस्त जगत का संहार करने वाला (महेश) है।
- प्रभविष्णु – समस्त चराचर जगत की उत्पत्ति करने वाला (ब्रह्मा) है।

इस प्रकार वह परमात्मा स्वयं ही ब्रहमा, विष्णु, महेश है।

- वह समस्त प्रकाशमान वस्तुओं का प्रकाश स्रोत है एवं माया अर्थात् अंधकार से, अज्ञान से परे है।
- ज्ञानं ज्ञेयं ज्ञानगम्यं
  - वह ज्ञान भी है – वह चेतन स्वरूप बोध स्वरूप है।
  - ज्ञेय भी है – परमात्मा जानने योग्य है।
  - ज्ञान का लक्ष्य भी है–
    (तत्त्वज्ञान से प्राप्त करने योग्य)
- हृदि सर्वस्य विष्ठितम् – वह सबके हृदय में विशेष रूप से स्थित भी है।

इस प्रकार भगवान ने क्षेत्र – देह, ज्ञान – ज्ञान, अज्ञान का भेद और ज्ञेय – जानने योग्य (परमात्मा) का विवेचन किया और कहा कि केवल मेरे भक्त ही इसे समझ सकते हैं और समझ कर मेरे स्वरूप को प्राप्त कर सकते हैं।

– प्रकृति, पुरुष और परमात्मा

पुरुष और प्रकृति दोनों अनादि हैं।

- पुरुष प्रकृति – क्षेत्र (जीव) देह त्रिगुणात्मक माया।
  जीवात्मा अहं, बुद्धि, इन्द्रिय विषय, जड़ और चेतन सब मिलकर प्रकृति। राग, द्वेष, आदि

  क्षेत्रज्ञ विकार और त्रिगुणात्मक समस्त पदार्थ प्रकृति से उत्पन्न है।
- पुरुष प्रकृति से भिन्न नहीं है इसलिए दोनों अनादि है। इसीलिए प्रकृति में स्थित पुरुष अर्थात् जीवात्मा ही प्रकृति जनित गुणों (स्त, रज, तम) को भोगता है। प्रकृति से मुक्त पुरुष में भोक्तापन की गंध मात्र भी नहीं है। तात्पर्य यह कि भगवान का जीव के साथ संबंध है परन्तु उनकी भूमिका अलग है।
- प्रकृति में स्थित पुरुष (जीवात्मा) प्रकृति से उत्पन्न त्रिगुणात्मक (सत, रज, तम) पदार्थों को भोगता है। गुणों के कारण अर्थात् गुणों के संग के कारण जीवात्मा अच्छी बुरी योनियों में जन्म लेता है।
- इस देह में स्थित यह आत्मा वास्तव में परमात्मा ही है।
- उपद्रष्टा (साक्षी) – जीवात्मा शुभाशुभ कर्मों का साक्षी भाव से निरीक्षण करता है।
- अनुमंता (अनुमति देने वाला) – अनुमोदन करने वाला – यथार्थ सम्मति देने वाला होने से अनुमंता है। वह अन्तर्यामी के रूप में अनुमति देता है। जिसके परिणाम स्वरूप मनुष्य का मन सुधरने लगता है। कामनाओं को नियंत्रित करता है।
- भर्ता (स्वामी) – वहीं विष्णु रूप में समस्त जगत् का रक्षण पोत्रण करने वाला है।
- भोक्ता – जीव रूप में भोगों का भोक्ता है। जीव जब भगवान की अनुमति से स्वयं को नियन्त्रित करता है तब भगवान भोक्ता बनते हैं। वे ऐसे पवित्र शरीर में भोग करते हैं।
- महेश्वर (परमात्मा) – गुणों से अतीत (गुणातीत) होने के कारण वह परमात्मा है। वह नियमन करने वाला परमात्मा है।

पुरुष (जीवात्मा) देह (क्षेत्र) में रहकर भी देहातीत है वह केवल साक्षी, सलाहकार, भर्ता, भोक्ता और परमात्मा है।

अतः इस पुरुष को और गुणों सहित प्रकृति को जो मनुष्य तत्व से अर्थात् यथार्थ रूप से जानता है वह सांसारिक कर्म करता हुआ मोक्ष को प्राप्त होता है। यह जान लेने के पश्चात् उस परमात्मा को कोई सूक्ष्म बुद्धि के ध्यान से, कोई ज्ञान योग से और कोई कर्म योग से अपने अंदर देखता है।

– सूक्ष्म बुद्धि – ध्यान में तल्लीनता	– षष्ठ अध्याय (आत्म संयम योग)
– ज्ञान योग – सांख्य योग	– द्वितीय अध्याय (11वें श्लोक से 30वें श्लोक तक)
ज्ञान में अभेदता	कर्ता भाव
– कर्म में अभिन्नता	– निष्काम भाव से कर्म, कर्म फल का त्याग। (द्वितीय अध्याय 40 वे श्लोक से अंत तक)

भगवान को उन साधकों की भी चिन्ता है जो गूढ़ अर्थ में नहीं जा सकते। इसलिए उनके लिए वे कहते हैं कि – जो साधारण साधक आध्यात्मिक ज्ञान के गूढ़ अर्थ को नहीं समझ पाते हैं यदि वे इस ज्ञान के ज्ञाताओं से परमात्मा के संबंध में श्रवण कर उपासना करते हैं वे भी मोक्ष को प्राप्त हो सकते हैं।

– संपूर्ण सृष्टि में, जो भी जड़ चेतन वस्तुएँ हैं वे सब क्षेत्र – क्षेत्रज्ञ के संयोग से उत्पन्न हैं। जब मनुष्य यह जान जाता है कि संपूर्ण सृष्टि क्षेत्र – क्षेत्रज्ञ के संयोग से उत्पन्न है और इस प्रकार की बुद्धि विकसित होने पर मनुष्य विनाशशील भौतिक चराचर प्राणियों में अविनाशी परमेश्वर परमात्मा को स्वभाव से देखता हुआ अपने को अपने द्वारा नष्ट नहीं करता है और परमगति को प्राप्त होता है।

- वह उपासक संपूर्ण कर्मों को सब प्रकार से प्रकृति द्वारा किया हुआ जानने लगता है और आत्मा को अकर्ता देखने लगता है यही यथार्थ देखना है। सबकुछ प्रकृति (त्रिगुणात्मक - सत, रज, तम) करती है। आत्मा अकर्ता है क्योंकि आत्मा अविकारी है।
- इतना ही नहीं जिस क्षण मनुष्य समस्त प्राणियों के पृथक्-पृथक् भाव को एक परमात्मा में स्थित देखता है और समस्त प्राणियों में उसी परमात्मा का विस्तार देखता है उसी क्षण वह सच्चिदानंद (सत, चिद्, आनंद) ब्रह्म को प्राप्त हो जाता है। अनादि और निर्गुण के कारण यह अविनाशी (क्षेत्रज्ञ), परमात्मा शरीर (क्षेत्र) में स्थित होने पर भी वास्तव में न तो कुछ करता है और न ही लिप्त होता है।
- जिस प्रकार एक ही सूर्य संपूर्ण, ब्रह्माण्ड को प्रकाशित करता है उसी प्रकार एक ही आत्मा संपूर्ण क्षेत्रों को प्रकाशित करता है।

इस प्रकार क्षेत्र-क्षेत्रज्ञ के भेद को तथा प्रकृति (त्रिगुणात्मक) से छूटने के उपाय जो ज्ञान द्वारा तत्त्व से जानता है वह परब्रह्म परमात्मा को प्राप्त होता है।

सूत्र-

1. भगवान ने क्षेत्र और क्षेत्रज्ञ का भेद समझाया है।

क्षेत्र	क्षेत्रज्ञ
प्रकृति	पुरुष
देह	देही
विकारी	अविकारी
जड़	चेतन

2. द्वितीय, सप्तम, नवम् अध्यायों में जो आत्मा परमात्मा क वर्णन आया है। यहाँ उसका विस्तार है
3. अद्वैतवादी चिन्तन, के आधार पर इस अध्याय को समझा जा सकता है।

4. भगवान स्वयं की वाणी को वेदों और उपनिषदों के प्रमाणों से सिद्ध कर रहे हैं।
5. उस जानने योग्य परब्रह्म के लक्षण बताए हैं ताकि उसे पहचाना जा सके।

श्रीकृष्णार्पणमस्तु

चतुर्दश अध्यायः

गुणत्रयविभागयोग

समस्त प्रकृति त्रिगुणात्मक है और समस्त प्राणी जगत इन गुणों के अधीन है। त्रिगुणात्मक प्रकृति भगवान से है और इन गुणों के कारण समस्त प्राणिजगत मोहित हो रहा है। इसीलिए भगवान ने इस अध्याय गुणत्रयविभागयोग में गुणों की विस्तार से व्याख्या करते हुए उनसे अतीत, रहित होने का निर्देश भी किया है।

भगवान ने सातवें अध्याय में अर्जुन को विज्ञान सहित तत्व ज्ञान देते हुए कहा था कि इस ज्ञान को जान कर संसार में कुछ भी जानने योग्य शेष नहीं रह जाता है। उसी ज्ञान का, यहाँ विस्तार है। क्षेत्र-क्षेत्रज्ञ के गूढ़ ज्ञान के पश्चात् अब भगवान अर्जुन को गुणों का ज्ञान दे रहे है। तेरहवें अध्याय में भगवान ने पुरुष और प्रकृति का तत्व से विवेचन हुए गुणों की स्थिति स्पष्ट की है। तेरहवें अध्याय के 23वें श्लोक में भगवान कहते हैं -

> य एवं वेत्ति पुरुष प्रकृति च गुणैः सह।
> सर्वथा वर्तमानोऽपि न भूयोऽभिजायते ॥ 13/23 ॥

इस प्रकार पुरुष को और गुणों सहित प्रकृति को जो मनुष्य तत्व से (संशय रहित) जानता है वह सब प्रकार से कर्तव्य कर्म करता हुआ भी फिर नहीं जन्मता।

- त्रिगुणात्मक प्रकृति से उत्पन्न यह समस्त विश्व प्रकृति का ही प्रसार है। यह प्रकृति जड़, क्षण भंगुर और अनित्य है - इस रहस्य को समझ लेना ही 'गुणों सहित प्रकृति को तत्व से समझना है'।

- यह जान लेना भी आवश्यक है कि वह परमात्मा नित्य, शुद्ध, बुद्ध, मुक्त और अविनाशी तथा प्रकृति से सर्वथा अतीत है - इस बात को समझकर एकी भाव से उस सच्चिदानंद घन में नित्य स्थित हो जाना पुरुष को तत्व से जानना है।
- गुणों के लक्षण भगवान ने इस अध्याय में बताए हैं। इससे पूर्व भगवान ने यह भी स्पष्ट किया है कि समस्त प्राणी जगत में जो स्थूल सूक्ष्म शरीर हैं वे सब प्रकृति के अंश से बने है और उन सब में जो चेतन आत्मा है वह भगवान का अंश है । इसलिए प्रकृति इनकी माता है और भगवान इनके पिता।

सर्वयोनिषु कौन्तेय मूर्तयः सम्भवन्ति याः।
तासां ब्रह्म महद्योनिरहं बीजप्रदः पिता।। 14/4 ।।

हे अर्जुन! सब प्रकार की समस्त योनियो में जितनी मूर्तियाँ अर्थात् शरीर धारी प्राणी उत्पन्न होते हैं प्रकृति तो उन सबकी गर्भ धारण करने वाली माता है और मैं बीज को स्थापन करने वाला पिता हूँ।

भगवान ने सातवें अध्याय के 13वें श्लोक में गुणों का उल्लेख किया है-

त्रिभिर्गुणमयैर्भावैरिभिः सर्वमिदं जगत्।
मोहित नाभिजानाति मामेभ्यः परमव्ययम् ।। 7/13 ।।

गुणों के कार्य रूप सात्विक, राजस और तामस इन तीनों प्रकार के भावों से यह संसार प्राणी समुदाय मोहित हो रहा है। इसीलिये इन तीनों गुणों से परे मुझ अविनाशी को प्राणी जगत नहीं जानता ।

भगवान ने अर्जुन को इसी कारण् तीनों गुण, उनके लक्षण और उनसे अतीत होने का मार्ग इस अध्याय में सुझाया है। क्योंकि प्रकृति से उत्पन्न तीनों गुण अविनाशी जीवात्मा को शरीर में बाँधते है।

सत्व गुण -

- सत्व गुण निर्मल पवित्र होने के कारण प्रकाश देने वाला अर्थात् मन शांत रखने वाला, दुख एवं दुराचार से दूर रखने वाला।

- सत्व गुण विकार रहित होता है – (अनामय)
- सुख और ज्ञान से संबद्ध होने के कारण अभिमान पैदा करता है जो जीवात्मा को बाँधता है।
- सत्व गुण मनुष्य को सात्विक सुख, आत्मचिन्तन से उत्पन्न सुख में लगाता है। भौतिक भोगों से हटाकर आत्मचिन्तन की ओर लगाता है।
- देह में, अन्तःकरण में और इंद्रियों में चेतनता एवं विवेकशीलता सतोगुण की वृद्धि का लक्षण है।

रजो गुण

- कामना और आसक्ति से रजोगुण बढ़ता है या रजोगुण से कामना और आसक्ति उत्पन्न होती है।
- फलासक्ति होने के कारण मनुष्य में कर्ताभाव आता है जो जीवात्मा को बाँधता है।
- रजोगुण मनुष्य को कर्म में लगाता है। आसक्ति युक्त कर्म में। रजोगुणी सकाम कर्म तो करता है परन्तु ये कर्म शास्त्रानुसार होते हैं।
- रजोगुण में लोभ, प्रवृत्ति, स्वार्थ बुद्धि, कर्मों के प्रति सकाम भाव, अशांति एवं विषय भोगों की लालसा उत्पन्न होती है।
- रजोगुण में मृत्यु होने पर आसक्ति के कारण मनुष्य योनि प्राप्त होती है।

तमोगुण

- तमोगुण अज्ञान से उत्पन्न होता है।
- तमोगुण में देह का अभिमान और मोह की प्रधानता होती है।
- प्रमाद, आलस्य, और निद्रा अर्थात् शास्त्र रहित कर्म, कर्तव्य कर्मों की उपेक्षा एवं अज्ञानता जीवात्मा को बाँधता है। मुक्त नहीं होने देता।
- तमोगुण ज्ञान को दबा कर प्रमाद में लगाता है।

- अन्तःकरण और इंद्रियों में अप्रकाश, कर्तव्य कर्मों के प्रति उदासीनता, व्यर्थ चेष्टाएँ, निद्रा और मोह उत्पन्न होता है।
- तमोगुण में मृत्यु होने पर मनुष्य कीट, पशु आदि योनि में उत्पन्न होता है।

गुणों की प्रधानता के अनुसार मनुष्य का इहलोक और परलोक निर्धारित होता है। सत्वगुण में स्थित पुरुष स्वर्ग आदि उच्च लोकों में जाते हैं, रजोगुण में स्थित मनुष्य लोक में और तमोगुण में स्थित पुरुष अधोगति को प्राप्त होकर कीट, पशु आदि नीच योनि को प्राप्त कर नरक में जाता है।

गुणों में सत्व गुण को श्रेष्ठ माना गया है परन्तु भगवत्भक्ति में गुणातीत होना आवश्यक है। भगवान कहते हैं कि जो मनुष्य तीनों गुणों से अतीत अर्थात् गुणों के बंधन से स्वयं को मुक्त कर लेता है तो वह भगवान के स्वरूप को प्राप्त होता है।

अब गुणातीत कैसे हुआ जाए ? इसलिए अर्जुन भगवान से पूछता है कि- तीन गुणों से अतीत मनुष्य के लक्षण क्या है? और किस तरह से गुणातीत हुआ जा सकता है?

भगवान अर्जुन के इस प्रश्न के उत्तर में कहते हैं-

समदुःख सुखः स्वस्थः समलोष्टाश्मकांचनः।
तुल्यप्रियाप्रियो धीरस्तुल्यनिंदात्मसंस्तुतिः।। 14/24 ।।

मानापमानयोस्तुल्यस्तुल्यो मित्रारिपक्षयोः।
सर्वारंभपरित्यागी गुणातीतः स उच्यते।। 14/25 ।।

जो निरंतर आत्मभाव में स्थित, दुख-सुख को समान समझने वाला, मिट्टी, पत्थर, और स्वर्ण में समान भाव वाला, ज्ञानी, प्रिय तथा अप्रिय को एक-सा मानने वाला और निन्दा-स्तुति में भी समान भाव वाला है। जो मान और अपमान में सम है, मित्र और शत्रु पक्ष में सम है एवं संपूर्ण आरंभो में कर्तापन के अभिमान से रहित है वह मनुष्य गुणातीत कहा जाता है।

अर्जुन के प्रश्न के अनुसार गुणातीत के लक्षण बताने के पश्चात भगवान गुणातीत होने का मार्ग भी सुझा रहे हैं।

मां च योऽव्यभिचारेण भक्तियोगेन सेवते।
स गुणान्समतीत्यैतान्ब्रह्मभूयाय कल्पते।। 14/26 ।।

जो मनुष्य पूर्ण समर्पण के साथ व्यभिचार रहित भक्तियोग द्वारा मुझको निरन्तर भजता है वह भी इन तीन गुणों को भलीभांति लांघकर सच्चिदानंद घन ब्रह्म को प्राप्त करने योग्य बन जाता है।

- गुणातीत होने के लिए –
- अव्यभिचारी भक्तियोग – भगवान के शरणागत हो, समस्त नाते रिश्ते भगवान से मानकर, उन्हें सर्वस्व मान कर स्वार्थ रहित, श्रद्धापूर्वक निरंतर भगवान का ही स्मरण करना। अनन्य भाव से भक्ति में लीन होकर ही गुणातीत हुआ जा सकता है।

सूत्र–

1. प्रकृति त्रिगुणात्मक – (सतोगुण, रजोगुण, तमोगुण) है।
2. प्रकृति के गुणों से मनुष्य बंधता है, मोहित होता है।
3. गुणातीत भगवान अविनाशी है।
4. गुणों के अनुसार – तमोगुण से रजोगुण श्रेष्ठ है और रजोगुण से सतोगुण श्रेष्ठ है परन्तु गुणातीत होना सर्वश्रेष्ठ है।
5. गुणातीत होकर ही भक्ति में लीन हो सकते है और सच्चिदानंद घन ब्रह्म को प्राप्त करने योग्य हुआ जा सकता है।

श्रीकृष्णार्पणमस्तु

पंचदश अध्यायः

पुरुषोत्तम योग

गुणातीत स्थिति के पश्चात ही पुरुषोत्तम को समझा जा सकता है। श्रीमद्‌भगवद्‌गीता का पन्द्रहवां सोपान है 'पुरुषोत्तम योग'। पुरुषोत्तम अर्थात् पुरुषों में उत्तम पुरुष, परम ब्रह्म, परमात्मा। भगवान ने अब तक गुण, क्षेत्र-क्षेत्रज्ञ, परा और अपरा प्रकृति, अध्यात्म और ब्रह्म कर्म ज्ञान एवं ध्यान अनासक्ति आदि की विस्तार से व्याख्या की। अब भगवान जीव, जगत और पुरुषोतम की व्याख्या कर रहे हैं।

सर्वप्रथम भगवान ने प्रारंभिक दो श्लोकों में संसार या जगत् की स्थिति स्पष्ट की है। जगत या संसार क्या है? कैसा है।

ऊर्ध्वमूलमधःशाखमश्वत्थं प्राहुरव्ययम्।
छंदासि यस्य पर्णानि यस्तं वेद स वेदवित्।। 15/1 ।।

आदिपुरुष परमेश्वर रूप मूलवाले और ब्रह्मा रूप मुख्य शाखा वाले संसार रूप पीपल के वृक्ष को अविनाशी कहते हैं एवं वेद जिसके पत्ते कहे गये हैं – उस संसार रूप वृक्ष को जो पुरूष तत्व से जानता है वह वेद के तात्पर्य को जानने वाला है।

भगवान इस जगत को पीपल वृक्ष के रूप में व्याख्यायित करते हुए कहते हैं कि यह वृक्ष उलटा है। इसकी जड़ें ऊपर है, शाखाएं मध्य में है और यह वृक्ष अविनाशी है और इसके पत्ते वेद के समान हैं।

यह एक रूपक है -

- जगत पीपल वृक्ष रूप है, पीपल वृक्ष के समान है।
- जड़ ऊपर होने से तात्पर्य है जगत का कारण एक और भगवान है क्योंकि जगत भगवान के कारण हैं। वे मूल या जड़ हैं। संसार रूपी वृक्ष की उत्पत्ति और इसका विस्तार आदि पुरुष नारायण से हुआ है।
- शाखाएं - ब्रह्मा इस वृक्ष की प्रधान शाखा है क्योंकि संसार वृक्ष की उत्पत्ति में सबसे पहले ब्रह्मा का उद्भव हुआ एवं भगवान की अपेक्षा ब्रह्म का स्थान भगवान से नीचे है। इसलिए शाखाएँ नीचे हैं।
- जगत वृक्ष अविनाशी है - यद्यपि जगत अनित्य एवं नाशवान है परन्तु इसका काल निर्धारित नहीं है। यह अनादि है, इसलिए यह अविनाशी लगता है अविनाशी है नहीं।
- वेद ब्रह्म रूपी शाखा से प्रगट हुए हैं और वेदों के अनुसार किये गये कर्मों से संसार की वृद्धि और रक्षा होती है। इसलिए वेदों को पत्ते कहा गया है।
- संसार वृक्ष को जानने वाले को वेदों को जानने वाला भी इसीलिए कहा गया है कि जो इस संसार वृक्ष को तत्व से जान लेता है वह ज्ञाता है वेदविद् है।

भगवान जगत् को तत्व से जानने का मार्ग प्रशस्त कर रहे हैं क्योंकि जगत के मिथ्यात्व को जाने बिना इससे विमुख नहीं हुआ जा सकता है। भगवान कहते हैं -

अधश्चोर्ध्वं प्रसृतास्तस्य शाखा गुणप्रवृद्धा विषयप्रवाला:।।
अधश्च मूलान्यनुसंततानि कर्मानुबंधीनि मनुष्यलोके।। 15/2 ।।

- तीन गुणों से संसार प्रवृद्ध हो रहा है। तीन गुण वह जल है जो इस संसार रूपी वृक्ष को सिंचित कर रहे हैं इसलिए यह बढ़ रहा है।
- इन गुणों रूपी जल से विषय भोग रूपी कोंपले - शब्द, स्पर्श, रूप, रस और गंध ये पाँचो विषय इसकी कोंपले हैं।

- इस संसार वृक्ष की विभिन्न योनि रूपी शाखाएँ ऊपर और नीचे के लोकों में फैली हुई हैं।
- यह जगत रूपी वृक्ष जो तीन गुणों से सिंचित है और विषय वासना रूपी इसकी कोंपले मनुष्य को सकाम कर्मों से बाँधती हैं।

इस संसार रूपी वृक्ष के वास्तविक स्वरूप का अनुभव जगत में नहीं किया जा सकता। जगत अविनाशी भी है नाशवान भी है। इसका आदि और अंत किसी को पता नहीं है। मनुष्य तीन गुणों के कारण इससे बंधता जाता है। इसीलिए मनुष्य को विरक्ति रूपी शस्त्र से इस दृढ़ जड़ वाले वृक्ष को काटना चाहिए और प्रभु की शरण में आस्था रखते हुए परमेश्वर का निरंतर मनन करना चाहिए।

आगे भगवान ने परमेश्वर में ध्यान केन्द्रित करने के लिए और परमपद प्राप्त करने के लिए मार्ग सुझाया है –

- **निर्मान मोहा** – मनुष्य को मान और मोह से मुक्त होना होगा।
- **जितसंगदोषा** – मनुष्य को आसक्ति को जीतना होगा अर्थात् अनासक्त होना होगा।
- **अध्यात्मनित्या** – उसे नित्य अध्यात्म अर्थात् प्रभु का स्मरण करना होगा।
- **विनिवृत कामाः** – समस्त कामनाओं से निवृत्त होना होगा।
- **द्वन्द्वैर्विमुक्ता** – सुख–दुःख जैसे समस्त द्वन्द्वों से मुक्त होना होगा।

जिनका मान और मोह नष्ट हो गया है, जिन्होंने आसक्ति रूप दोष को जीत लिया है, जिनकी परमात्मा के स्वरूप में नित्य स्थिति है और जिनकी कामनाएँ नष्ट हो गयी हैं – वे सुख–दुःख नामक द्वन्द्वों से विमुक्त ज्ञानी जन उस अविनाशी परमपद को प्राप्त होते हैं

भगवान का परमधाम कैसा हो?

भगवान का परमधाम कैसा है? परमपद या परमधाम स्वयं प्रकाश्य है इस परमपद को न सूर्य न चन्द्रमा, न अग्नि ही प्रकाशित कर सकते हैं बल्कि ये परमेश्वर से प्रकाशित होते हैं।

जीवात्मा कैसा है?

देह में स्थित जीवात्मा सनातन है और यह भगवान का ही अंश है- 'ममैवांशो जीवलोके'। देह नाशवान है और देह में स्थित जीवात्मा सनातन है, इसलिए है क्योंकि यह भगवान का अंश है। जीवात्मा ही इन्द्रिय जनित स्वाभाविक विषयों का भोग करता है। यह भोग जीवात्मा मन एवं पाँच कर्मेन्द्रियो - नेत्र, कर्ण, त्वचा, जीव्हा एवं नासिका से करता है। जीवात्मा देह का स्वामी है और जब जीवात्मा देह का त्याग करता है तो जिस प्रकार वायु गंध को उसके स्थान से ग्रहण कर अन्य स्थान पर ले जाती है उसी प्रकार जीवात्मा भी मन सहित पंचेन्द्रियों के साथ अन्य देह में पहुँच जाता है। मन अन्त: करण का वाचक है।

भगवान आगे बताते हैं कि अज्ञानी इस प्रक्रिया को नहीं जान पाते हैं। अज्ञानी जन न तो शरीर में स्थित जीवात्मा को जान पाते हैं न ही देह को छोड़कर जाते हुए जीवात्मा को जान पाते हैं और न ही विषयों को भोगते, देख पाते हैं क्योंकि अज्ञानी तीन गुणों से बंधे होते है। इस प्रक्रिया को वे ही जान पाते हैं जो गुणातीत होकर विवेकवान ज्ञानी हो गये हैं।

भगवान का स्वरूप कैसा है?

आगे भगवान अपने स्वरूप की पहचान उन माध्यमों से करवाते हैं जो मनुष्यों के देखे हुए हैं ताकि वे भगवान के स्वरूप और क्षमता का ज्ञान पा सकें।

यदादित्यगतं तेजो जगद्भासयतेऽखिलम्।
यच्चन्द्रमसि यच्चाग्नौ तत्तेजो विद्धि मामकम्।। 15/12 ।।

सूर्य में स्थित जो तेज संपूर्ण जगत् को प्रकाशित करता है तथा जो तेज चन्द्रमा में हैं और जो अग्नि में है - उसको तू मेरा ही जान।

- प्रकाश के समस्त स्रोतों में जो तेज है वह भगवान का ही तेज है।
- पृथ्वी में जो समस्त भूत प्राणियों को धारण करने की शक्ति है वह भी भगवान की ही शक्ति है।

- भगवान ही रसमय अमृतमय चन्द्रमा के रूप में समस्त औषधियों और वनस्पतियों को पुष्ट करते हैं।
- समस्त प्राणियों के पाचन हेतु भगवान स्वयं अन्न को चार प्रकार से पचाते हैं –
    1. भक्ष्य – दाँतों से चबाकर – रोटी आदि
    2. भोज्य – निगलकर – दूध पानी आदि
    3. लेह्य – चाटकर – शहद, चटनी आदि
    4. चोष्य – चूसकर – गन्ना, आम आदि
- भगवान ही समस्त प्राणियों के हृदय में अन्तर्यामी रूप में स्थित हैं। (सर्वस्य चाहं हृदि संनिविष्टो – मैं ही प्रत्येक प्राणी के हृदय में अन्तर्यामी रूप में स्थित हूँ)
- भगवान से ही स्मृति, ज्ञान और अपोहन (विस्मृति) होता है – (मत्तः स्मृतिर्ज्ञानमपोहनं– मुझ से ही स्मृति, ज्ञान और अपोहन है)
- स्मृति – पूर्व में देखी या अनुभूत घटना आदि का स्मरण स्मृति।
- ज्ञान – किसी वस्तु को यथार्थ रूप में जानना – ज्ञान है।
- अपोहन – संशय एवं विपर्यय आदि से दूर होना अपोहन है।
- वेदों द्वारा भी भगवान ही जानने योग्य है। (वेदैश्च सर्वैरहमेव वेद्यो– मैं ही वेदों द्वारा जानने योग्य हूँ)
- वेदान्त के कर्ता और वेदों को जानने वाले भी भगवान ही हैं। (वेदान्त कृद्वेदविदेव चाहम)

पुरुषोत्तम रूप

अध्याय का नाम है 'पुरुषोत्तम योग'। भगवान पुरुषोत्तम क्यों हैं?

पुरुषोत्तम को समझाने के लिए भगवान ने एक क्रम निर्धारित किया है –

- सबसे पहले जगत् की व्याख्या
- फिर जीवात्मा की व्याख्या

- तत्पश्चात् भगवान ने स्वयं का स्वरूप का विवेचन किया।

  अब वे बता रहे हैं कि पुरुषोत्तम कौन और कैसे?

  संसार में दो तरह के पुरुष हैं - एक - क्षर (नाशवान) और दूसरे अक्षर (अविनाशी)

> द्वाविमौ पुरुषौ लोके क्षरश्चाक्षर एव च।
> क्षर: सर्वाणि भूतानि कूटस्थोऽक्षर उच्यते।। 15/16 ।।

इस संसार में नाशवान और अविनाशी दो प्रकार के पुरुष हैं। इनमें संपूर्ण भूत प्राणियों के शरीर तो नाशवान है और जीवात्मा अविनाशी कहा जाता है।

क्षर और अक्षर अर्थात् नाशवान और अविनाशी इन दोनों पुरुष से भिन्न है उत्तम पुरुष -

उत्तम पुरुष अर्थात् - जो नित्य, शुद्ध, मुक्त, सर्वशक्तिमान, परम दयालु, सर्वगुण सम्पन्न है। यह उत्तम पुरुष तीनो लोकों में प्रवेश कर सबका भरण-पोषण करता और उसे अविनाशी परमात्मा कहा जाता है। वास्तव में भगवान नाशवान जड़ वर्ग-क्षेत्र से परे हैं और अविनाशी जीवात्मा से भी उत्तम हैं। इसीलिए लोक और वेद में पुरुषोत्तम नाम से प्रसिद्ध हैं-

> यस्मात्क्षरमतीतोऽहमक्षरादपि चोत्तम:।
> अतोऽस्मि लोके वेदे च प्रथित: पुरुषोतम: ।। 15/18 ।।

क्योंकि मैं नाशवान जड़ वर्ग से तो सर्वथा अतीत हूँ और अविनाशी जीवात्मा से भी उत्तम हूँ, इसलिये लोक में और वेद में भी पुरुषोत्तम नाम से प्रसिद्ध हूँ।

भगवान अध्याय के अंत में 19 वे श्लोक में कहते हैं कि -

> यो मामेवसम्मूढो जानाति पुरुषोत्तम् ।
> स सर्वविद्भजति मां सर्वभावेन भारत ।। 15/19 ।।

हे भारत! जो ज्ञानी पुरुष मुझको इस प्रकार (असम्मूढो) संशय रहित होकर पुरुषोत्तम जानता है वही सर्वज्ञ पुरुष सब प्रकार से निरन्तर मुझ परमेश्वर को ही सर्वभाव से भजता है।

इस प्रकार भगवान ने इस अध्याय में भगवान ने गूढ़ विषय का विवेचन कर मार्ग प्रशस्त किया है।

सूत्र -

1. इस अध्याय में भगवान ने जगत् → जीवात्मा → भगवान का स्वरूप → पुरुषोत्तम - क्रमबद्ध तरीके से अर्जुन को समझाया है।
2. जगत को संसार को 'अश्वत्थ' कहा है। 'श्व:' अर्थात् आगामी 'कल' और 'अश्वत्थ' अर्थात् कल तक न रहने वाला । इस प्रकार जगत को नाशवान कहा है परन्तु दूसरी ओर जगत को अविनाशी भी कहा है क्योंकि उसका आदि और अंत कोई नहीं जानता।
3. भगवान उदार एवं सर्वव्यापक है और जीव एवं जगत के समस्त कार्य उन्हीं से हैं। भगवान सूर्य, चन्द्र, अग्नि के रूप में अपना तेज प्रसारित करते हैं।
4. धरती के रूप में सबका कल्याण करते हैं। जीव के बाहरी और आंतरिक रूप को शक्तिशाली बनाते हैं।
5. भगवान भोजन प्रदान ही नहीं करते उसे पचाते भी है।
6. भगवान क्षर एवं अक्षर पुरुष से ऊपर पुरुषोत्तम है।
7. भगवान हर रूप में मनुष्य के निकट हैं। वे नाशवान देह में अविनाशी जीवात्मा रूप में है, प्रकृति में है, सूर्य चन्द्र में हैं, पृथ्वी में हैं, भोजन में हैं, पाचन में हैं। ऐसे भगवान का निरंतर एवं सब प्रकार से भजन ही उनके स्वरूप से साक्षात्कार करवा सकता है।

श्रीकृष्णार्पणमस्तु

षोडष अध्यायः

दैवासुरसंपदविभागयोग

भगवान अर्जुन को अपना शिष्य जान और अर्जुन को अनघ (मयानघ) एवं अपने प्रति आसक्त (मयासक्त) देख उसे और अधिक ज्ञान दे रहे हैं। शास्त्रानुसार, कर्तव्य कर्म करने के लिए मार्ग प्रशस्त कर रहे हैं। 'दैवासुरसंपदविभागयोग' अध्याय में भगवान अर्जुन को दैवी एवं आसुरी प्रवृत्ति का ज्ञान करवा रहे हैं।

भगवान ने प्रथम तीन श्लोकों में दैवी संपदा युक्त पुरुष के लक्षण बताए हैं-

अभयं सत्वसंशुद्धिर्ज्ञायोगव्यवस्थितिः।
दानं दमश्च यज्ञश्च स्वाध्यायस्तप आर्जवम्।। 16/1 ।।
अहिंसा सत्यमक्रोस्त्यागः शांतिरपैशुनम्।
दया भूतेष्वलोलुप्त्वं मार्दवं ह्रीरचापलम्।। 16/2 ।।
तेजः क्षमा धृतिः शौचमद्रोहो नातिमानिता।
भवन्ति संपदं दैवीमभिजातस्य भारत।। 16/3 ।।

यहाँ भगवान ने 26 दैवी गुण बताए हैं -

- अभय - किसी भी प्रकार के अनिष्ट का भय न होना अभय है।
- सत्वसंशुद्धि - अन्तःकरण का पूर्ण रूप से निर्मल होना। राग-द्वेष, सुख-दुख पापमय कलुषित भावों का अभाव।

- ज्ञानयोग व्यवस्थिति – परमात्मा का यथार्थ ज्ञान और परमात्मा के ध्यान में निरन्तर स्थित होना।
- दान – निष्काम भाव से दान।
- दम – इंद्रियों पर दमन।
- यज्ञ – माता-पिता, गुरु, देवता अतिथि एवं बड़ों के प्रति पूज्य भाव। हवन करना।
- स्वाध्याय – वेद, इतिहास, शास्त्र और पुराण आदि का अध्ययन करना।
- तपः – कठिन परिस्थितियों में धैर्यपूर्वक बने रहना।
- आर्जव – सरलता
- अहिंसा – मनसा, वाचा, कर्मणा किसी को भी दुख न पहुँचाना।
- सत्य – कपट रहित व्यवहार
- अक्रोध – क्रोध का अभाव
- त्याग –
- शांति –
- अपैशुन – निन्दा या चुगली न करना
- दया – दीन दुखियों एवं जरूरतमंदों के दुःखों को दूर करना।
- अलोलुपत्व – अन्तःकरण, वाणी और व्यवहार में कठोरता का अभाव।
- ह्री – लज्जा – लोक एवं शास्त्र के अनुसार कार्य न करने से लज्जा उत्पन्न होती है।
- अचापल – व्यर्थ की चेष्टाओं का अभाव।
- तेज – उस शक्ति विशेष का नाम जो संयम एवं विषयों से अनासक्ति पर उत्पन्न होती है।
- क्षमा – किसी से भी प्रतिशोध का भाव न होना। दण्ड के स्थान पर क्षमा भाव का होना।
- धृति – धैर्य
- शौच – बाह्य शुद्धि

- अद्रोह - अपने प्रति शत्रुता का भाव रखने वालों के प्रति द्वेष या शत्रुता का भाव न होना।
- अतिमानिता - स्वयं को श्रेष्ठ एवं पूज्य न मानने का भाव।

उपर्युक्त गुण दैवी गुण है। इन गुणों से युक्त मनुष्य ही प्रभु के परमात्मा के निकट होते हैं। दैवी संपदा युक्त मनुष्य इस संसार से मुक्त हो जाते हैं। इसके विपरीत आसुरी संपदा मनुष्य को बाँधती है।

आसुरी संपदा के लक्षण-

- दम्भ - अपनी प्रतिष्ठा, धन आदि के लोभ के कारण आडम्बर करना।
- दर्प - विद्या, धन, कुटुम्ब, जाति, अवस्था, बल और ऐश्वर्य आदि के कारण मन में जो घमण्ड होता है दर्प कहलाता है।
- अभिमान - स्वयं को श्रेष्ठ, बड़ा एवं पूज्य समझना, मान, प्रतिष्ठा और पूजा आदि की इच्छा रखना।
- क्रोध - अपना तिरस्कार, अपमान या निन्दा किए जाने पर द्वेषपूर्ण प्रतिहिंसा का भाव क्रोध है।
- पारुष्य - कोमलता का अभाव। कटु वचन कहना, ताने मारना वाणी की कठोरता।
- अज्ञान - सत्य-असत्य, धर्म-अधर्म, उचित-अनुचित के वास्तविक अर्थ को न समझकर विपरीत निश्चय कर लेना अज्ञान है।
- आसुरी प्रकृति के मनुष्य प्रवृत्ति और निवृत्ति दोनों को नहीं जानते।
- बाहर भीतर की शुद्धता नहीं होती।
- इनका आचरण श्रेष्ठ नहीं होता।
- ये असत्य भाषण करते हैं।
- मिथ्या ज्ञान के कारण ये जगत को आश्रय रहित मानते हैं।

- केवल काम वासना को ही सत्य मानते हैं।
- स्वयं का और जगत् का अकल्याण करते हैं।
- दंभमानमदान्विताः- ये दंभ मान और मद से युक्त होते हैं।
- संसार के विभिन्न भोगों को किसी भी तरह प्राप्त करना चाहते हैं।
- अज्ञान के कारण मिथ्या सिद्धांतो को ग्रहण करते हैं।
- इनका आचरण भ्रष्ट होता है।
- मृत्यु होने तक असंख्य चिन्ताओं का आश्रय लेने वाले काम और क्रोध के अधीन होकर अन्याय पूर्वक धन आदि एकत्र करते हैं।
- ये हमेशा अपने धन को बढ़ाने में लगे रहते हैं।
- स्वयं को ईश्वर, समस्त सिद्धियों से युक्त और बलवान तथा सुखी मानते हैं।
- मैं बड़ा धनी और बड़े कुटुम्ब वाला हूँ। मैं यज्ञ करूँगा, दान दूंगा, आमोद-प्रमोद करूँगा। अज्ञान से मोहित रहते हैं, भ्रमित चित्त वाले, विषय भोगों के प्रति आसक्त रहने वाले अपवित्र नरक में गिरते हैं।
- ये समस्त कर्म और यज्ञ आदि शास्त्र रहित विधि से करते हैं।
- अहंकार, बल, दर्प, काम और क्रोध के अधीन, ये दूसरों की निन्दा करने वाले अन्तर्यामी भगवान से दूर ही रहते हैं। ये तो स्वयं के और दूसरों के शरीर में स्थित भगवान को देख ही नहीं पाते हैं।

भगवान इन आसुरी प्रवृति के मनुष्यों के संबंध में कहते हैं-

आसुरीं योनिमापन्ना मूढ़ा जन्मनि जन्मनि।
मामप्राप्यैव कौन्तेय ततो यान्त्यधमां गतिम्।। 16/20 ।।

हे अर्जुन! वे मूढ़ मुझको न प्राप्त होकर जन्म-जन्म में आसुरी योनि को प्राप्त होते हैं फिर उससे भी अति नीच गति को ही प्राप्त होते हैं अर्थात् घोर नरकों में पड़ते हैं।

इस प्रकार भगवान दैवासुर संपद का विवेचन कर अर्जुन को शास्त्र सम्मत् कर्म हेतु निर्देशित करते हैं-

य: शास्त्रविधिमुत्सृज्य वर्तते कामकारत:।
न स सिद्धिमवाप्नोति न सुखं न परां गतिम्।। 16/23 ।।

जो लोग शास्त्रविधि को त्यागकर अपनी इच्छा से मनमाना आचरण करते हैं वे न तो सिद्धि को प्राप्त कर पाते हैं, न परमगति को और न ही सुख को।

शास्त्र अर्थात् श्रुति, वेद, पुराण, इतिहास आदि। सामान्य तौर पर लोग कर्म तो करते हैं, भजन एवं पूजन भी करते हैं, दान एवं यज्ञ करते हैं परन्तु अज्ञानतावश वे समस्त कर्म शास्त्र सम्मत नहीं होते हैं। इसलिए शास्त्रों के अनुसार कर्म ही प्रमाण है।

सूत्र -

1. दैव संपदा अर्थात् श्रेष्ठ एवं उचित कर्म। ऐसे कर्म जो कल्याण कामना हेतु अनासक्त भाव से किए जाते हैं।
2. आसुरी संपदा अर्थात् वे कर्म, प्रवृत्ति या स्वभाव जिससे न तो स्वयं का कल्याण हो सकता है और न ही समाज का कल्याण हो सकता है।
3. समस्त कर्तव्य एवं अकर्तव्य कर्म शास्त्र सम्मत होना चाहिए।
4. भगवान स्वयं की वाणी को प्रमाण न मानकर शास्त्रों को प्रामाणिक मानते हैं।

श्रीकृष्णार्पणमस्तु

सप्तदश अध्यायः

श्रद्धात्रयविभागयोग

सोलहवें अध्याय के अंतिम श्लोक में भगवान कहते हैं कि-

तस्माच्छास्त्रं प्रमाणं ते, कार्याकार्यव्यवस्थितौ।
ज्ञात्वा शास्त्राविधानोक्तं कर्म कर्तुमिहार्हसि।। 16/24 ।।

कर्तव्य और अकर्तव्य की व्यवस्था में शास्त्र ही प्रमाण है। ऐसा जानकर तू शास्त्र विधि से नियत कर्म ही करने योग्य है।

इस प्रकार भगवान शास्त्रानुसार कर्म को ही महत्वपूर्ण मानते हैं। इसीलिए अर्जुन के मन में यह प्रश्न उत्पन्न होता है कि यदि व्यक्ति शास्त्रानुसार कर्म न करे तो उसकी स्थिति क्या होगी।

सत्रहवें अध्याय का आरंभ अर्जुन के प्रश्न से ही है-

अर्जुन उवाच

ये शास्त्रविधिमुत्सृज्य यजन्ते श्रद्धयाऽन्विताः।
तेषां निष्ठा तु का कृष्ण सत्त्वमाहो रजस्तमः।। 17/1 ।।

अर्जुन बोले- हे कृष्ण! जो मनुष्य शास्त्र विधि त्यागकर श्रद्धायुक्त हो कर देवादि का पूजन करते हैं, उनकी स्थिति फिर कौन-सी है? सत्त्विकी, राजसी अथवा तामसी?

भगवान ने भक्ति में निरन्तरता, अनन्यता, एकनिष्ठता निष्कामता के साथ श्रद्धा को भी महत्वपूर्ण माना है। इसीलिए अर्जुन यह प्रश्न कर रहे हैं।

क्योंकि भगवान ने यहाँ फिर एक नई बात जोड़ी है वह है शास्त्रविधि। भक्त में श्रद्धा तो हो परन्तु यदि उसे अपनी भक्ति और कर्म का शास्त्र ज्ञान न हो तो फिर उसकी स्थिति क्या होगी।

भगवान ने गुणत्रय विभाग योग में गुणों की स्थिति का विस्तार से वर्णन किया था परन्तु वहाँ यह प्रश्न उत्पन्न नहीं हुआ था। प्रश्न सोलहवें अध्याय के अंतिम श्लोक के कारण उत्पन्न हुआ है। अब इस अध्याय जिसका नाम 'श्रद्धात्रयविभागयोग' है में भगवान श्रद्धा के प्रकार बताते हुए अर्जुन के प्रश्न का उत्तर दे रहे हैं।

श्रद्धा के प्रकार -

- श्रद्धा दो प्रकार की होती है -

  (1) स्वभाव से उत्पन्न (2) शास्त्रीय संस्कारों से उत्पन्न
- सभी मनुष्यों की श्रद्धा उनके अन्तःकरण के अनुरूप होती है। जैसा मनुष्य का अन्तःकरण (सात्विक, राजसी या तामसी) होता है उसकी श्रद्धा भी वैसी ही होती है।
- सात्विकी श्रद्धा वाले लोग

  देवों को पूजते है- जैसे- सूर्य, चन्द्र, वायु, इन्द्र, अश्विनी कुमार, विश्व देव आदि
- राजसी श्रद्धा वाले लोग

  यक्ष और राक्षसों - जैसे कुबेर, राहु केतु आदि को पूजते हैं।
- तामसी श्रद्धा वाले लोग भूत, प्रेत, पिशाच आदि को पूजते हैं।

ऐसे लोग भी तामसी या आसुरी श्रद्धा वाले होते हैं जो अहंकार और दंभ से भरकर कामना, आसक्ति और बल के अभिमान से युक्त होकर उपवास करते हैं और कृशकाय हो जाते हैं वे शरीर में स्थित पंच तत्व धरती, आकाश, वायु, अग्नि, जल और अन्तःकरण में स्थित परमात्मा को ही क्लेश और कष्ट पहुंचाते हैं।

भोजन के प्रकार - गुणानुसार भोजन के प्रकार

- **सात्विक भोजन**- आयु, बुद्धि, बल, आरोग्य, सुख और प्रीति बढ़ाने वाला होता है। ऐसा भोजन होता है -
    1. रस युक्त - दूध, शक्कर आदि रसयुक्त
    2. स्निग्ध - चिकनाई युक्त - मक्खन, घी एवं तेल
    3. स्थिर (पोषक)-जिन पदार्थों का सार शरीर में बहुत समय तक स्थिर रहता है।
    4. हृद्या - रुचि बढ़ाने वाला-रंगो वाला-हरा, लाल, पीला, नारंगी।
- **राजसी भोजन**- कड़वे, खट्टे, लवणयुक्त, बहुत गरम, तीखे, रूखे दाहकारक पदार्थ दुख चिन्ता तथा रोगों को बढ़ाने वाले होते हैं।
- **तामसी भोजन**- अधपका, रसरहित, दुर्गन्धयुक्त, जूठा और अपवित्र भोजन (मांस, शराब आदि)
- **यज्ञ के प्रकार** - गुणों के अनुसार

कल्याण की कामना से अग्नि में हवन करना या किसी प्रकार से किसी भी वस्तु का समर्पण कर किसी की यथा योग्य पूजा करना यज्ञ है।

सात्विक यज्ञ - शास्त्रानुसार मन का समाधान कर के अनासक्त भाव 'आकांक्षा रहित यज्ञ' सात्विक यज्ञ कहलाता है।

राजसी यज्ञ - दंभ आचरण के साथ फल की आकांक्षा में यज्ञ राजसी यज्ञ है।

तामसी यज्ञ - शास्त्र रहित, अन्नदान रहित, बिना मंत्रों के, दान दक्षिणा एवं बिना श्रद्धा के किये जाने वाला यज्ञ।

- **तप के प्रकार** - शारीरिक तप

शारीरिक तप - 'देवद्विजगुरुप्राज्ञपूजनं'

- देवता - शास्त्रोक्त देवता - ब्रह्मा, शिव, यम, अग्नि, सूर्य, चन्द्र
- द्विज - ब्राह्मण
- गुरु - माता-पिता, गुरु, वरिष्ठ जन
- ज्ञानी - शास्त्रों एवं अन्य ग्रंथों का जानकार

इस प्रकार देवता, ब्राह्मण, गुरु, ज्ञान एवं पवित्रता, ब्रह्मचर्य और अहिंसा शारीरिक तप हैं।

- **वाणी का तप** - जो किसी के मन में उद्वेग (निन्दा, चुगली आदि उद्वेगकारी है) न जगाए, प्रिय एवं हितकर भाषण, वेद शास्त्रों का पठन और परमेश्वर के नाम का जाप वाणी का तप है।
- **मन का तप** - मन की प्रसन्नता, शान्त भाव, भगवत् चिन्तन, मन पर संयम और अन्तःकरण के भावों की पवित्रता मन का तप है।
- **सात्विक तप** - फल की आकांक्षा से रहित परमात्मा के प्रति पूर्ण श्रद्धा से मन, वाणी एवं शरीर से जो तप किया जाता है वह सात्विक तप है।
- **राजस तप** - जो तप सत्कार, मान और पूजा के लिए और अन्य किसी स्वार्थ के लिए भी स्वभाव से या पाखण्ड से किया जाता है वह अनिश्चित एवं क्षणिकफल वाला तप राजस तप कहा जाता है।
- **तामसी तप** - जो तप मूर्खतापूर्वक, हठ से, मन, वाणी और शरीर की पीड़ा सहित अथवा दूसरे का अनिष्ट करने के लिये किया जाता है वह तप तामस कहा जाता है।

- **दान के प्रकार** -

  सात्विक दान - दान देना कर्तव्य है - इस भाव से दिया जाने वाला दान, जो स्थान और समय के अनुरूप किया जाता है, जिसमें किसी उपकार की भावना न हो ऐसा दान सात्विक दान है।

  राजसी दान - जो दान क्लेश पूर्वक एवं प्रत्युपकार के उद्देश्य से अथवा फल को दृष्टि में रखकर किया जाता है, वह दान राजस दान है।

  तामसी दान - जो दान बिना सत्कार के अथवा तिरस्कार पूर्वक, स्थान एवं समय के प्रतिकूल अपात्र को दिये जाना वाला दान तामस दान है।

यज्ञ, तप, दान, श्रद्धा, भोजन इत्यादि का त्रिगुणात्मक - सात्विक, राजस और तामस विवेचन करने के पश्चात् भगवान अब 'ऊँ, तत् और सत्' का इनसे और भगवान से संबंध बता रहे हैं।

ऊँ तत्सदिति निर्देशो ब्रह्मणस्त्रिविधः स्मृतः।
ब्राह्मणास्तेन वेदाश्च यज्ञाश्च विहिताः पुरा।। 17/23 ।।

ऊँ तत् सत् ये शब्द ब्रह्म के वाचक हैं। इनसे ही सृष्टि के आरंभ में ब्राह्मण, वेद, और यक्ष आदि रचे गये।

ऊँ अर्थात् हाँ, तत् अर्थात् वह तत्व और सत् अर्थात् सत्य । ऊँ तत् सत् अर्थात् हाँ वह तत्व सत्य है। ये तीनों शब्द भगवान के वाचक हैं।

- ऊँ - भगवान का वाचक है इसीलिए यज्ञ, दान और तप क्रियाएँ परमात्मा के नाम से प्रारंभ होती हैं।
- तत् - अर्थात् सब कुछ भगवान का ही है। भगवान के 'तत्' नाम से समस्त यज्ञ, तप और दान रूप क्रियाएं निष्काम भाव से कल्याण की भावना से की जाती हैं।
- सत्- अर्थात् 'सत्य है'। सत् शब्द सद्भावना, साधुभावना और मांगालिक कर्म के अर्थ में प्रयुक्त होता है। सत् शब्द में श्रेष्ठ भाव सन्निहित है।

इस प्रकार भगवान अर्जुन को शास्त्रानुसार कर्म की महत्ता बताते हुए श्रद्धापूर्ण कार्य के लिए निर्देशित करते हैं -

अश्रद्धया हुतं दत्तं तपस्तप्तं कृतं च यत्।
असदित्युच्यते पार्थ न च तत्प्रेत्य नो इह।। 17/28 ।।

हे पार्थ, श्रद्धा रहित यज्ञ, दान, और तप असत हैं। वे इस लोक में और परलोक में कहीं भी कल्याणकारी नहीं होते।

श्रद्धात्रय विभाग योग में भगवान ने समस्त सत कार्यों के लिए श्रद्धा का होना आवश्यक माना है। श्रद्धा अर्थात् पूर्ण समर्पण एवं विश्वास। श्रद्धा रहित कर्म निरर्थक है। इस प्रकार भगवान ने अर्जुन के प्रश्न का भी उत्तर दे दिया।

सूत्र -

1. भगवान ने यहाँ श्रद्धा के साथ भोजन, तप एवं दान के भी सात्विक, राजस एवं तामस भेद बताए हैं।
2. भोजन का व्यक्ति के व्यक्तित्व से बहुत महत्त्वपूर्ण संबंध है।
3. उपवास करके जो लोग स्वयं को कृशकाय करते हैं वे भगवान को कष्ट पहुँचाते हैं।

श्रीकृष्णार्पणमस्तु

अष्टादश अध्याय

मोक्ष संन्यास योग

श्रीमद्भगवद गीता का सर्वोच्च सोपान मोक्ष संन्यास योग है। विषाद से मोक्ष संन्यास तक कोई बिरला ही पहुँच पाता है। विषाद तो सबको होता है परन्तु अर्जुन जैसा समर्पण 'शाधि मां त्वां प्रपन्नम्' सब में नहीं होता। इस संपूर्ण समर्पण के कारण ही अर्जुन यहाँ तक पहुँचा है। यहाँ अर्जुन फिर एक प्रश्न भगवान से पूछ रहे हैं कि संन्यास और त्याग में क्या अंतर है -

संन्यासस्य महाबाहो तत्त्वमिच्छामि वेदितुम्।
त्यागस्य च हृषीकेश पृथक्केशिनिषूदन।। 18/1 ।।

हे महाबाहो! ऐ अन्तर्यामी! हे वासुदेव! मैं संन्यास और त्याग के तत्व को पृथक्-पृथक् जानना चाहता हूँ। अर्जुन यहाँ संन्यास और त्याग को तत्व से समझना चाहते हैं। संन्यास अर्थात् सांख्य योग और त्याग अर्थात् कर्म योग। अर्जुन के इस प्रश्न के उत्तर में भगवान ने विस्तार से तत्वों की व्याख्या करते हुए त्याग के भेद, कर्म के भेद, कर्ता, बुद्धि, धृति आदि के भेद बताए हैं।

भगवान आगे अर्जुन को पण्डितों, विद्वानों, विचारशील पुरुषों द्वारा कही गई बातों के माध्यम से अपनी बात प्रामाणिक तौर पर बता रहे हैं। भगवान कहते हैं -

- कुछ पण्डित कामना युक्त कर्मों के त्याग को संन्यास कहते हैं। तात्पर्य यह कि कर्म तो करना है परन्तु कामना युक्त कर्म नहीं करना है।

- कुछ विचारशील लोग कर्मों के फल के त्याग को त्याग कहते हैं। अर्थात् कर्म तो करो परन्तु उसके फल का त्याग कर दो।
- कुछ विद्वान ऐसा कहते हैं कि कर्म ही दोषपूर्ण है इसलिए कर्म ही त्याग दो।
- कुछ अन्य विद्वानों का मत है कि यज्ञ, दान और तप जैसे कर्म त्याग योग्य नहीं है।

भगवान ने अर्जुन को त्याग और संन्यास से पहले त्याग के प्रकार, गुणों के आधार पर बताए। भगवान कहते हैं कि यज्ञ, दान और तप जैसे कर्म त्याग देने योग्य नहीं है बल्कि ये आवश्यक कर्तव्य कर्म है। साथ ही समस्त कर्मों के प्रति आसक्ति रहित होकर कर्म फलों का त्याग करना ही श्रेष्ठ है।

गुणों के आधार पर त्याग के भेद

सात्विक त्याग - अपने नियत कर्म शास्त्रानुसार आसक्ति रहित होकर और कर्मों के फलों का त्याग करना सात्विक त्याग है।

राजस त्याग - समस्त कर्म दुःख रूप हैं ऐसा समझ कर और शारीरिक क्लेश के भय से कर्तव्य कर्मों का त्याग राजस त्याग है। इस त्याग का कोई फल नहीं मिलता है।

तामस त्याग - नियत कर्मों का मोह वश त्याग तामस त्याग है। कर्तव्य कर्मों को त्याग देना मोह वश किया गया त्याग है।

त्यागी - आगे भगवान वास्तविक त्यागी के लक्षण बता रहे हैं- सच्चा त्यागी वह है जो न तो अशुभ कर्म से घृणा करता है, न शुभ कर्म से लिप्त होता है वह कर्म के विषय में कोई संशय नहीं रखता। ऐसा त्यागी शुद्ध सत्व गुण युक्त होता है, संशय रहित, बुद्धिमान और सच्चा त्यागी होता है।

किसी भी देहधारी प्राणी के लिए समस्त कर्मों का त्याग कर पाना संभव नहीं है लेकिन जो कर्म फलों का त्याग करता है वह वास्तविक त्यागी है।

कर्मों के फल का त्याग न करने वाले को मरने के पश्चात् तीन प्रकार से फल भोगना होता है- इच्छित (इष्ट) अनिच्छित (अनिष्ट) और मिश्रित परन्तु जो कर्मफल त्याग देते हैं भोगना नहीं पड़ता है।

- समस्त कर्मों की सिद्धि के पाँच कारण सांख्य सिद्धांत में बताए गये हैं। उन्हें ही भगवान यहाँ बता रहे हैं-

अधिष्ठानं तथा कर्ता करणं च पृथग्विधम्।
विविधाश्च पृथक्चेष्टा दैवं चौवात्र पंचमम्।। 18/14 ।।

- अधिष्ठान (स्थान/देह)	- मुख्य रूप से - करण और क्रिया के आधार रूप शरीर का वाचक है। गौण रूप से - यज्ञ आदि कर्मों में क्रिया के आधार रूप भूमि आदि का वाचक है।
- कर्ता	- शरीर में विद्यमान 'मैं' अहंकार कर्ताभाव
- करणं पृथग्विधम् यन्त्र/इंद्रियाँ-	मन, बुद्धि और अहंकार - भीतर के करण पाँच - ज्ञानेन्द्रियाँ पाँच - कर्मेन्द्रियाँ
- विविधाः पृथक्चेष्टा -	गमन करना, अंगों का संचालन, श्वासों का आना-जाना, अंगों का सिकोड़ना - फैलना, आँखों का सिकोड़ना - फैलना, आँखों का खोलना और मूँदना, मन में संकल्प-विकल्पों का होना आदि चेष्टाएँ है।
- दैवम्	- प्रारब्ध

उपर्युक्त पाँच कर्म संपादन के कारण हैं। इन पाँच कारणों से ही मनुष्य मन, वाणी और शरीर से शास्त्रानुकूल या विपरीत कर्म करता है। इन

कारणों से कर्म करते हुए यदि कर्ता भाव नहीं होता अर्थात "मैं कर्ता हूँ" भाव नहीं होता तो वह कर्मों से लिप्त नहीं होता है। इसी कारण वह मनुष्यों को मारकर भी नहीं मारता है और न ही पापों से बँधता है।

इस प्रकार भगवान संन्यास योग और त्याग का अंतर स्पष्ट करते हैं। कर्मों के फल का त्याग सच्चा त्याग है और अकर्ता भाव संन्यास है।

– आगे भगवान कर्म की प्रेरणा और कर्म के संग्रह बता रहे हैं –

ज्ञानं ज्ञेयं परिज्ञाता त्रिविधा कर्मचोदना।
करणं कर्म कर्तेति त्रिविधः कर्मसंग्रहः।। 18/18 ।।

ज्ञान, ज्ञेय तथा ज्ञाता ये तीनों कर्म को प्रेरणा देने वाले कारण हैं। इन्द्रियाँ (करण) कर्म तथा कर्ता ये तीनों के कर्म के संग्रह है।

कर्म की प्रेरणा –

परिज्ञाता – जानने वाला –

ज्ञान – जिससे जाना जाता है। वह वृत्ति जिसके द्वारा वस्तु के स्वरूप का निश्चय किया जाता है।

ज्ञेय – जिस वस्तु के स्वरूप का निश्चय या जिस वस्तु को जाना जाता है।

कर्म संग्रह –

कर्तेति – कर्ता – देखना, सुनना, समझना, स्मरण करना, खाना, पीना आदि क्रियाओं को करने वाले पुरुष को कर्ता कहते हैं।

करण – इंद्रियाँ – मन, बुद्धि और समस्त इन्द्रियों द्वारा उपर्युक्त समस्त क्रियाएँ की जाती हैं। इनका वाचक करण है।

कर्म – उपर्युक्त समस्त क्रियाओं का वाचक कर्म है। इस प्रकार कर्म प्रेरणा और कर्म संग्रह को भगवान ने स्पष्ट किया है।

- ज्ञान के गुणानुसार भेद -

सात्विक ज्ञान - ज्ञान का वह स्वरूप जिससे मनुष्य समस्त प्राणियों में एक अविनाशी परमात्मा को विभाग रहित, समभाव व्याप्त देखता है, वही सात्विक ज्ञान है। वस्तुतः समस्त प्राणी अलग-अलग दिखाई देते हैं परन्तु उनमें निवासरत परमात्मा एक ही है, अविभक्त है, विभाग रहित है। इस तरह का ज्ञान सात्विक ज्ञान है।

- राजसी ज्ञान - जिस ज्ञान के द्वारा मनुष्य समस्त प्राणियों के भावों को पृथक-पृथक देखता है वह ज्ञान राजसी ज्ञान है। अर्थात् परमात्मा को समस्त प्राणियों में विभक्त देखता है वह राजसी ज्ञान है।

- तामस ज्ञान - जिस ज्ञान के द्वारा मनुष्य देह को ही अपना स्वरूप समझ ले, जो ज्ञान 'अहैतुकम्' अर्थात् बिना हेतु के हो, जो वास्तविक ज्ञान से रहित अर्थात् देह और आत्मा के भेद को न समझ सके और जो ज्ञान तात्विक अर्थ से रहित हो वह तामस ज्ञान है।

- कर्म के गुणानुसार भेद-

सात्विक कर्म - जो कर्म - शास्त्र विधि से नियत किया गया हो।
- कर्तापन के अभिमान से रहित हो।
- आसक्ति, राग और द्वेष से रहित हो।
- अफलप्रेप्सुना - फल की आकांशा रहित हो।

वह ज्ञानकर्म सात्विक कर्म है।

राजस कर्म - जो कर्म -

- कामेप्सुना - फल प्राप्ति की कामना से किया जाए।
- साहंकारेण - कर्तापन के अहंकार से युक्त है।
- बहुलायासं - जो बहुत कठिन परिश्रम से किया जाए क्योंकि कर्तापन का अभिमान होने के कारण फल पर दृष्टि होती है इसलिए अत्याधिक प्रयत्न किया जाता है।

ऐसा कर्म राजस कर्म कहलाता है।

तामसी कर्म - जो कर्म -

- भावी परिणाम सोचे बगैर किया जाए
- क्षयम् - किसी को हानि पहुँचाने की नीयत से किया जाए।
- हिंसा पूर्वक किया जाए।
- सामर्थ्य का विचार किए बिना किया जाए।
- मोह से ग्रस्त होकर अज्ञानता से आरंभ किया जाए।

तामसी कर्म कहलाते हैं।

- कर्ता के गुणानुसार भेद -

सात्विक कर्ता -

- मुक्त संगो - संग से रहित आसक्ति से रहित
- मिथ्या अहंकार से रहित
- धैर्यवान
- उत्साही
- सिद्धि और असिद्धि में निर्विकार

सात्विक कर्ता कहलाता है।

राजसी कर्ता -

- जो आसक्ति से युक्त हो
- कर्म फल प्राप्ति का आकांक्षी हो - लोभी हो
- दूसरों को कष्ट देने वाला हो
- अपवित्र भाव वाला हो, अशुद्ध आचरण वाला हो
- हर्ष और शोक से विचलित होने वाला हो

वह राजसी कर्ता कहा जाता है।

तामसी कर्ता - जो कर्ता

- अयुक्तः - शास्त्रों का आदेश न मानने वाला, जिसका इन्द्रियों पर वश न हो।

- प्राकृतः – असंस्कृत, अपरिष्कृत, शिक्षा से रहित
- स्तब्धः – हठी
- शठों – कपटी, धूर्त
  - दूसरों की जीविका का नाश करने वाला हो
  - शोक करने वाला हो
  - आलसी
- दीर्घसूत्री – समय पर काम न करने वाला, काम को टालने वाला या काम को पूरा न करने वाला हो

तमोगुणी कर्ता कहलाता है।

– बुद्धि के भेद

सात्विक बुद्धि –

जो बुद्धि –

- प्रवृत्ति – प्रवृत्ति के प्रति सचेत हो, किन कार्यों की ओर प्रवृत्त होना है, और कब तक होना है का विवेक रखें।
- निवृत्ति – किन कार्यों से निवृत्त होना है और कब तक होना है। अर्थात् किन कार्यों को नहीं करना है।
- कार्य – वे कार्य जो करणीय हैं, जो कर्तव्य है उनका विवेक
- अकार्ये – वे कार्य या कर्तव्य जो नहीं करना है
- भयाभये – किससे डरना है और किससे नहीं
- बंधं मोक्षं– क्या बाँधने वाला है और क्या मुक्ति देने वाला है।

उपर्युक्त तत्वों के उचित–अनुचित का विवेक सात्विक बुद्धि है।

– राजस बुद्धि –

जिस बुद्धि में –

धर्म और अधर्म का

कर्तव्य और अकर्तव्य का विवेक हो

वह राजस बुद्धि कहलाती है।

- तामस बुद्धि -

जो बुद्धि

धर्म और अधर्म का
कर्तव्य और अकर्तव्य का विवेक न हो

भ्रम वश अंधकार से आवृत होने के कारण अज्ञानता और मोह के कारण विपरीत दिशा में व्यवहार करती है वह तामस बुद्धि है।

- धृति - (धारण शक्ति/संकल्प शक्ति) के भेद

- सात्विक शक्ति - जिस अव्यभिचारिणी धारण शक्ति द्वारा मनुष्य ध्यान योग द्वारा मन, प्राण और इन्द्रियों की क्रियाओं को धारण करता है वह सात्विक धृति है।
- राजस धृति - फल की आकांक्षा से मनुष्य जिस धारण शक्ति के द्वारा अत्यंत आसक्ति से धर्म, अर्थ और काम को धारण करता है वह राजसी धारण शक्ति है।
- तामस धृति - दुष्ट बुद्धि वाला मनुष्य जिस धारण शक्ति द्वारा स्वप्न, भय, चिन्ता, दु:ख और मोह को नहीं छोड़ता अर्थात् धारण किये रहता है वहा धारण शक्ति तामसी है।

सुख के भेद -

- सात्विक सुख - जिस समय मनुष्य भजन, ध्यान, सेवा आदि का अभ्यास करता है और उसके दुखों का अंत हो जाता है। इस सुख में आरंभ में साधक जब साधना में लगा होता है तब साधना कष्ट दायी होने के कारण विष के समान लगती है परन्तु परिणाम में यह अमृत के समान सुखदायी होती है। यह भगवद् बुद्धि से प्रसाद रूप उत्पन्न होता है।

  इस सुख के लिए -

  1. भजन, ध्यान, सेवा का अभ्यास
  2. इससे दुखों का अंत होता है।

3. आरंभ में कष्ट दायी - क्योंकि भजन, ध्यान, सेवा में स्वयं को अर्पित करना होता है।
4. परिणाम में सुखदायी अमृत के समान क्योंकि सांसारिक मोह माया से मुक्त होने से सुख की वास्तविक अनुभूति होती है।

राजस सुख - जो सुख विषय और इन्द्रियों के संयोग से होता है वह आरंभ में तो अमृत के समान लगता है परन्तु इसका परिणाम विष के समान होता है। वह राजस सुख कहलाता है।

तामस सुख - जो सुख भोग काल में भी और अंत में भी मोहित करने वाला है- वह निद्रा, आलस्य और प्रमाद से उत्पन्न तामस सुख है।

- वर्णाश्रम व्यवस्था

संपूर्ण प्रकृति को त्रिगुणात्मक बताते हुए भगवान वर्णाश्रम व्यवस्था को भी स्वाभाविक गुणों पर आधारित बता रहे हैं

- ब्राह्मण-अन्तःकरण को वश में करना, इन्द्रियों का दमन, धर्मपालन के लिए कष्ट सहना, अन्दर बाहर से शुद्ध रहना, क्षमा, सहिष्णुता, सरलता, ज्ञान विज्ञान, धार्मिकता ब्राह्मण के स्वाभाविक गुण हैं।
- क्षत्रिय-शूरवीरता, तेज, धैर्य, दक्षता, और युद्ध से विमुख न होना, दानी, ईश्वर भाव अर्थात् न्याय पूर्ण होना, क्षत्रिय के स्वाभाविक गुण हैं।
- वैश्य - कृषि, गोरक्षा तथा व्यापार वैश्य के स्वाभाविक गुण है।
- शूद्र - श्रम एवं अन्यों की सेवा शूद्र के स्वाभाविक गुण हैं।

भगवान के अनुसार अपने स्वाभाविक कर्म आवश्यक है। जिसका जो कर्म है, वह अपना स्वाभाविक कर्म करते हुए भगवद् भक्ति ही करता है। अपने स्वाभाविक कर्म द्वारा पूजा करके परमसिद्धि को प्राप्त हो जाता है। यही नहीं भगवान यह भी कहते हैं कि दूसरे के अच्छे धर्म से अपना गुण रहित कर्म भी श्रेष्ठ है क्योंकि स्वभाव के अनुसार धर्म-कर्म को करने से पाप नहीं लगता । निष्कर्षतः भगवान कहते हैं कि-

सहजं कर्म कौन्तेय सदोषमपि न त्यजेत्।
सर्वरम्भा हि दोषेण धूमेनाग्निरिवावृत्ताः।। 18/48 ।।

अतएवं हे कुन्ती पुत्र! दोष युक्त होने पर भी सहज कर्म (वर्णानुसार) को त्यागना नहीं चाहिए क्योंकि धूएं से अग्नि की भाँति सभी कर्म किसी–न–किसी दोष से युक्त हैं।

आगे भगवान अर्जुन को संन्यास का अर्थ और अधिक स्पष्टता से समझा रहे हैं –

भगवान अर्जुन से कहते हैं कि सर्वत्र आसक्ति रहित बुद्धि वाला, स्पृहा रहित, कामना रहित और जितात्मा (मन पर संयम रखने वाला) मनुष्य सांख्य योग द्वारा परम सिद्धि को प्राप्त हो जाता है।

इस अवस्था तक पहुंचने के लिए मनुष्य को –

- विशुद्धबुद्धि से युक्त होकर
- धैर्य पूर्वक मन को वश में करते हुए
- इन्द्रिय तृप्ति के विषयों का त्याग कर
- रागद्वेष से मुक्त होकर
- एकांत स्थान में वास करते हुए
- अल्प भोजन करते हुए
- शरीर और वाणी को वश में रखने वाला
- मिथ्या अहंकार, मिथ्या शक्ति, मिथ्या गर्व, काम, क्रोध तथा भौतिक वस्तुओं के संग्रह से मुक्त हो
- स्वामित्व की भावना से रहित हो

वह निश्चित ही आत्म साक्षात्कार के पद को प्राप्त होता है। भगवान की भक्ति को प्राप्त होता है।

इस अवस्था तक पहुंचा हुआ योगी न शोक– करता है और आकांक्षा रहित होकर भगवान की भक्ति को प्राप्त होता है। इस प्रकार भगवान के प्रति आश्रित होकर संपूर्ण कर्मों को करता हुआ भगवान की कृपा से सनातन अविनाशी पद को प्राप्त हो जाता है।

भगवान अर्जुन से कहते हैं कि अपने समस्त कर्म मुझे अर्पित कर के समबुद्धि योग में निरन्तर स्थिर रहकर मेरा परायण हो जब निरहंकार हो कर

मेरे वचनों को सुनेगा तो तेरा कल्याण हो जाएगा। इतना कहकर भगवान अर्जुन के समक्ष यह सिद्ध करते है कि यदि तू अहंकार वश युद्ध न करने का निर्णय करेगा तब तुझे स्वाभाविक कर्म से (क्षत्रिय कर्म) बँधा होने के कारण युद्ध करना ही होगा। तू युद्ध करेगा ही।

भगवान विभिन्न विषयों की जानकारी देने के बाद यह समझाते हैं कि मनुष्य के कर्म ही उसका जीवन निर्धारित करते हैं-

ईश्वरः सर्वभूतानां हृद्देशेऽर्जुन तिष्ठति।
भ्रामयन्सर्वभूतानि यन्त्रारूढानि मायया ।। 18/61 ।।

हे अर्जुन! शरीर-रूप यन्त्र में आरुढ संपूर्ण प्राणियों को अन्तर्यामी परमेश्वर अपनी माया से उनके कर्मों के अनुसार भ्रमण कराता हुआ सब प्राणियों के हृदय में स्थित है।

भगवान समस्त प्राणियों के हृदय में हैं। भगवान हृदय में होकर भी प्राणियों से अलिप्त रहते हैं। इसलिये भगवान समस्त प्राणियों को उनके कर्मों के अनुसार भ्रमण करवाते हैं। शरीर इन कर्मों का माध्यम बनता है। इसलिए हे अर्जुन! तू उस परमेश्वर की शरण में जा। उसी परमात्मा की कृपा से तू परम शांति और सनातन धाम को प्राप्त होगा। इस प्रकार भगवान अर्जुन को समस्त कर्म और धर्म स्वयं में अर्पित करने के लिए कहते हैं-

सर्वधर्मान्परित्यज्य मामेकं शरणं व्रज।
अहं त्वा सर्वपापेभ्यो मोक्षयिष्यामि मा शुचः।। 18/66 ।।

संपूर्ण धर्मो को अर्थात् संपूर्ण कर्तव्य कर्मों को मुझ में त्यागकर तू केवल मुझ सर्वशक्तिमान सर्वाधार परमेश्वर की शरण में आ जा। मैं तुझे समस्त पापों से मुक्त कर दूँगा तू चिन्ता मत कर।

अर्जुन को गीता का गूढ़ ज्ञान देने पश्चात् भगवान यह भी वता रहे हैं कि यह ज्ञान सबके योग्य नहीं है।

इदं ते नातपस्काय नाभक्ताय कदाचन।
न चाशुश्रूषवे वाच्यं न च मां योऽभ्यसूयति।। 18/67 ।।

तुझे यह गूढ़ रहस्यमय उपदेश किसी भी काल में न तो तपरहित मनुष्य से कहना चाहिए न भक्ति रहित से और न बिना सुनने की इच्छा वाले से ही कहना चाहिए तथा जो मुझ में दोषदृष्टि रखता है उससे तो कभी भी नहीं कहना चाहिए।

यह ज्ञान भगवान की निकटता और भक्ति का माध्यम है। भगवान कहते हैं कि जो व्यक्ति प्रभु में परम प्रेम रखते हैं इस रहस्ययुक्त ज्ञान को उनके भक्तों मे कहेगा वह प्रभु को ही प्राप्त होगा।

- भगवान यह भी कहते हैं कि इस गूढ़ ज्ञान को पढ़ना भी भगवान की भक्ति ही है। भगवान कहते हैं कि जो हमारे इस पवित्र संवाद का अध्ययन करता है वह मेरी ही भक्ति करता है।
- जो इस ज्ञान को श्रद्धा और प्रेम से सुनता है वह पापों से मुक्त हो जाता है और उन शुभ लोकों प्राप्त हो जाता है, जहाँ पुण्य आत्माएँ निवास करती हैं।

द्वितीय अध्याय के ग्यारहवें श्लोक से अठारहवें अध्याय के इकहतरवें श्लोक तक भगवान ने अर्जुन को उपदेश दिया। अर्जुन के प्रश्नों का, जिज्ञासाओं का विस्तार से समाधान किया। अब भगवान एक सच्चे गुरु की तरह अर्जुन से प्रश्न करते हैं कि क्या तूने (इस ज्ञान को) एकाग्र चित्त होकर सुना ? और क्या अब तेरा मोह नष्ट हो गया है।

- शिष्य के लिए गुरु के प्रति श्रद्धा, निष्ठा, भक्ति, प्रेम, सम्मान और अनन्यता तो होना ही चाहिए उसे एकाग्र चित्त भी होना चाहिए। भटके हुए चित्त वाला ज्ञान प्राप्त नहीं कर सकता।
- गुरु को ज्ञान देते हुए एक-एक बात स्पष्ट कर देने के बाद यह अवश्य पूछना चाहिए कि क्या शिष्य को उसका समाधान मिल गया ? क्या उसकी अज्ञानता दूर हो गई ? इस तरह का प्रश्न वही गुरू कर सकता है जिसे यह आत्म विश्वास हो कि आगे भी यदि कोई शंका रह गयी हो तो वे समाधान करेंगें। इतने पर भी समझ न आने पर गुरु शिष्य को हीनता बोध नहीं कराऐंगे।

– इस प्रकार भगवान के व्यवस्थित ज्ञान प्रदान करने पर क्रमबद्ध तरीके से एक–एक प्रश्न के धैर्य पूर्वक सुनने और विस्तार पूर्वक उत्तर देने के कारण अर्जुन का मोह नष्ट हो गया है –

नष्टो मोहः स्मृतिर्लब्धा त्वत्प्रसादान्मयाच्युत।
स्थितोऽस्मि गतसंदेहः करिष्ये वचनं तवं।। 18/73 ।।

हे अच्युत! आपकी कृपा से मेरा मोह नष्ट हो गया है और मैंने स्मृति प्राप्त कर ली है। अब मैं संशय रहित हो कर दृढ़ हो गया हूँ और आपकी आज्ञा का पालन करूँगा।

'वेपथुश्च शरीरे' और 'रोमहर्षश्च जायते' कहने वाला अर्जुन अब दृढ़ हो गया है।

यहाँ कृष्ण और अर्जुन का संवाद सम्पन्न होता है। संवाद तो कृष्ण और अर्जुन के मध्य हुआ था परन्तु इसके एक और वक्ता और श्रोता भी थे – संजय और धृतराष्ट्र। भगवान और अर्जुन के मध्य इस दौरान जो भी घटित हुआ उसके दृष्टा और वक्ता संजय भी थे। संजय सारे घटनाक्रम के दृष्टा और श्रोता दोनों थे और जब वे इस पूरे घटनाक्रम को धृतराष्ट्र को सुना रहे थे तो वे वक्ता भी थे। अर्जुन के यह कहने पर कि 'नष्टो मोहः स्मृतिर्लब्धा' भगवान का कार्य संपन्न हो जाता है। अब अंतिम पाँच श्लोकों में संजय अपने आप को व्यास जी की कृपा से इसका साक्षी बनने के लिए भाग्यशाली मानते हुए कहते हैं–

राजन्संस्मृत्य संस्मृत्य संवादमिमभद्भुतम्।
केशवार्जुनयोः पुण्यं हृष्यामि च मुहुर्मुहुः । 18/76 ।।

हे राजन! भगवान श्रीकृष्ण और अर्जुन के रहस्ययुक्त, कल्याणकारक और अद्भुत संवाद को पुनः पुनः स्मरण करके मैं बार – बार हर्षित हो रहा हूँ।

अंत में संजय कहते है कि जहाँ कृष्ण और अर्जुन हों वहाँ विजय है–

यत्र योगश्वरः कृष्णो यत्र पार्थो धनुर्धरः।
तत्र श्रीर्विजयो भूतिर्ध्रुवा नीतिमतिर्मम।। 18/78 ।।

जहाँ योगेश्वर भगवान श्री कृष्ण हैं, और जहाँ गाण्डीव धनुर्धारी अर्जुन हैं वहीं पर भी विजय, विभूति और अचल नीति है ऐसा मेरा मत है।

गीता के ज्ञान के लिए अर्जुन होना पड़ता है अर्जुन अर्थात् सरल, अनघ, समर्पित, निष्ठावान, आवरण रहित, भक्त, जिज्ञासु, धैर्यवान, संशय रहित और ग्रहणशील। यह ज्ञान सरल सहज नहीं है। सब इस ज्ञान के अधिकारी नहीं हैं। जो अर्जुन बन सकता है वही ज्ञान प्राप्त कर सकता है।

सूत्र -

1. इस अध्याय में भगवद्गीता का उपसंहार है, निष्कर्ष है।
2. संन्यास और त्याग के अंतर को स्पष्ट किया है- संन्यास (अकर्ता भाव) अर्थात् ज्ञान योग और त्याग अर्थात कर्मयोग (अनासक्ति भाव)।
3. त्याग, कर्म, कर्ता, ज्ञान, बुद्धि के गुणानुसार भेद बताए गए हैं।
4. वर्ण व्यवस्था स्वाभाविक कर्मों के अनुसार है।
5. अपनी प्रवृत्ति अनुसार कार्य करना ही श्रेष्ठ है।
6. स्वयं का कार्य दोष पूर्ण होने पर भी श्रेष्ठ है।
7. गीता सुनने, पढ़ने और कहने का अधिकारी वही हो सकता है जिसमें भगवान के प्रति पूर्ण समर्पण और भक्ति हो।
8. गीता का ज्ञान उन लोगों के समक्ष नहीं कहना चाहिए जो तप रहित, भक्ति रहित और अहंकारी हो।
9. भगवान के प्रति पूर्ण समर्पण आवश्यक है - चाहे कर्मयोग हो, ज्ञान योग हो या भक्तियोग हो।

श्रीकृष्णार्पणमस्तु